© Autonomia Literária, 2024.
© 2023, Nancy Fraser.

Este livro foi publicado originalmente sob o título de *Cannibal Capitalism: How our System is Devouring Democracy, Care, and the Planet and What We Can Do About It*, pela Verso Books.

Coordenação editorial
Cauê Seignemartin Ameni, Hugo Albuquerque, Manuela Beloni
Tradução: Aline Scátola
Revisão: Monise Martinez
Capa: Rodrigo Côrrea/studiocisma
Diagramação: Manuela Beloni

Conselho editorial
Carlos Sávio Gomes (UFF-RJ), Edemilson Paraná (UFC/UNB), Esther Dweck (UFRJ), Jean Tible (USP), Leda Paulani (USP), Luiz Gonzaga de Mello Belluzzo (Unicamp-Facamp), Michel Lowy (CNRS, França) e Pedro Rossi (Unicamp) e Victor Marques (UFABC).

Dados Internacionais de Catalogação na Publicação (CIP)
(eDOC BRASIL, Belo Horizonte/MG)

F842c Fraser, Nancy.
       Capitalismo canibal: como nosso sistema está devorando a nossa democracia, o cuidado e o planeta e o que podemos fazer a respeito disso / Nancy Fraser; tradução Aline Scatola. – São Paulo, SP: Autonomia Literária, 2024.
       200 p. : 14 x 21 cm

       Título original: Cannibal Capitalism
       ISBN 978-65-5497-004-4

       1. Capitalismo – Aspectos sociais. 2. Socialismo. I. Scatola, Aline. II. Título.
                                                                   CDD 306.3

Elaborado por Maurício Amormino Júnior – CRB6/2422

Autonomia Literária
Rua Conselheiro Ramalho, 945
CEP: 01325-001 São Paulo – SP
autonomialiteraria.com.br

Nancy Fraser

Capitalismo canibal

Como nosso sistema está devorando
a democracia, o cuidado e o planeta
e o que podemos fazer a respeito

2025
Autonomia Literária

SUMÁRIO

Agradecimentos 7

Prefácio
Capitalismo canibal: estamos fritos? 13

1. Onívoro: por que precisamos ampliar
nossa concepção de capitalismo 19

2. Goela abaixo: por que o capitalismo
é estruturalmente racista 53

3. Devorador de cuidados: por que a
reprodução social é um grande campo
da crise capitalista 89

4. Natureza no bucho:
por que a ecopolítica deve ser
transambiental e anticapitalista 121

5. Abatendo a democracia:
por que a crise política é a carne
vermelha do capital..173

6. Nutrindo a reflexão:
que sentido deve ter o socialismo
no século XXI?..205

Epílogo macrófago
Por que a Covid é uma orgia
capitalista canibal..227

para Robin Blackburn e Rahel Jaeggi,
parceiros de diálogo indispensáveis
e amigos queridos

Agradecimentos

É comum pensar que um livro é fruto do trabalho individual de quem o escreve. Mas essa visão abriga um profundo equívoco. Praticamente toda pessoa que escreve conta com uma variedade de condições de fundo que tornam o seu trabalho possível: apoio financeiro e acesso a bibliotecas, orientação editorial e assistência de pesquisa, crítica e inspiração de colegas, estímulo das amizades e cuidado de familiares e pessoas próximas. É isso que constitui os "terrenos ocultos" da autoria, para invocar, aqui, uma expressão que desempenha um papel central nas páginas a seguir. Relegadas sobremaneira aos bastidores enquanto a autora se atavia à frente do palco, essas condições são indispensáveis para a publicação de um livro. Sem elas, a obra não veria a luz do dia.

Como é evidente, um livro que teoriza sobre os apoios ocultos da produção capitalista deve reconhecer seus próprios alicerces, apresentados de muitas formas e a partir de muitas fontes. Na frente institucional, a New School for Social Research propiciou um flexível arranjo de docência, um ano de licença e (o mais importante) um ambiente intelectual vibrante. A Dartmouth College me recebeu como professora visitante pelo programa Roth Family Distinguished Visiting Scholar em 2017–2018 e, mais tarde, me proporcionou um segundo lar acadêmico com uma biblioteca magnífica, um financiamento generoso e colegas notáveis.

Diversas outras instituições me ofereceram um tempo precioso e um ambiente de partilhas para desenvolver as ideias apresentadas neste livro. Agradeço cordialmente a Jude Browne e ao Centro de Estudos de Gênero da Universidade de Cambridge; a Michel Wieviorka e ao Collège d'études mondiales; a Rainer Forst e ao Centro de Estudos Avançados Justitia Amplificata, em Frankfurt, e ao Forschungskolleg Humanwissenschaften, em Bad Homburg; a Hartmut Rosa e ao Grupo de Pesquisa sobre Sociedades Pós-Crescimento da Friedrich-Schiller-Universität, em Jena; e a Winfried Fluck, Ulla Haselstein, a Fundação Einstein de Berlim e ao Instituto de Estudos Americanos JFK, na Freie Universität, em Berlim.

Durante todo o processo, contei com as habilidades de pesquisa e o companheirismo de um grupo extraordinário de pesquisadores e pesquisadoras assistentes. Tenho profunda gratidão por Blair Taylor, Brian Milstein, Mine Yildirim, Mayra Cotta, Daniel Boscov-Ellen, Tatiana Llaguno Nieves, Anastasiia Kalk e Rosa Martins.

Diversas publicações, mas sobretudo a *New Left Review* e a *Critical Historical Studies*, me deram a oportunidade preciosa de fazer circular os primeiros registros das ideias expostas aqui e de receber contribuições que me ajudaram a refiná-las. Descrevo abaixo os detalhes específicos da minha dívida para com elas e com outros periódicos que divulgaram as primeiras formulações sobre essas ideias.

A Verso garantiu que eu tivesse a editora dos meus sonhos na figura de Jessie Kindig, cujo entusiasmo, criatividade e jeito com as palavras fizeram toda a diferença. Também na Verso, o editor de produção Daniel O'Connor e o revisor Stan Smith transformaram um manuscrito bagunçado e muito revisado em um conjunto de páginas bem-acabado e sem erros. Com a direção de Melissa Weiss, David Gee produziu uma capa extraordinária [em sua edição estadunidense], ao mesmo tempo elegante e (ouso dizer) mordaz.

Por trás deste livro também está o apoio indispensável de colegas, amigos e amigas. Agradeço a alguns deles nas notas específicas de cada capítulo no qual sua influência foi mais relevante. Mas há aqueles e aquelas que deram forma e inspiraram minhas reflexões de modo mais amplo, ao longo de todo o processo. Entre essas fiéis companhias e parcerias de diálogo, agradeço a Cinzia Arruzza, Banu Bargu, Seyla Benhabib, Richard J. Bernstein, Luc Boltanski, Craig Calhoun, Michael Dawson, Duncan Foley, Rainer Forst, Jürgen Habermas, David Harvey, Axel Honneth, Johanna Oksala, Andreas Malm, Jane Mansbridge, Chantal Mouffe, Donald Pease, ao saudoso Moishe Postone, a Hartmut Rosa, Antonia Soulez, Wolfgang Streeck, Cornel West e Michel Wieviorka.

Outras duas pessoas — a quem este livro é dedicado — marcaram presença em meus pensamentos e em meu coração durante toda a escrita. Agradeço a Robin Blackburn, com quem pude contar, em tantos momentos, com a erudição, perspicácia e gentileza; e a Rahel Jaeggi, verdadeira parceira de "conversa", com quem muitas das ideias aqui apresentadas foram originalmente desenvolvidas para depois serem aprimoradas.

Por fim, agradeço a Eli Zaretsky, cujo apoio a este livro foi tão profundo, multifacetado e universal que nenhuma afirmação sucinta daria conta de dimensioná-lo. Digamos apenas que *Capitalismo canibal* não existiria sem sua inteligência inquisitiva, sua grandeza de visão e seu amor duradouro.

Os capítulos deste livro aparecem, aqui, em suas versões revisadas, autorizadas pelas editoras que os publicaram originalmente.

Uma primeira versão do capítulo 1 foi apresentada como palestra no âmbito do programa Diane Middlebrook and Carl Djerassi Lectures, da Universidade de Cambridge, no dia 7 de fevereiro de 2014, e publicada na edição 86 da *New Left Review*, no mesmo ano, com o título "Behind Marx's Hidden

Abode: For an Expanded Conception of Capitalism".¹ Seus argumentos passaram por um batismo de fogo e saíram mais fortes do processo a partir de discussões desafiadoras com Rahel Jaeggi — muitas delas registradas no livro *Capitalismo em debate: uma conversa na teoria crítica*, de nossa autoria conjunta. Agradeço mais uma vez a Jaeggi pela inteligência inquisitiva e a amizade generosa.

A primeira versão do capítulo 2 foi apresentada como discurso presidencial no 114.º Eastern Division meeting of the American Philosophical Association, em Savannah, no estado da Geórgia, no dia 5 de janeiro de 2018, e foi publicada, no mesmo ano, em *Proceedings and Addresses of the American Philosophical Association*, volume 92, como "Is Capitalism *Necessarily* Racist?".² Agradeço a Robin Blackburn, Sharad Chari, Rahel Jaeggi e Eli Zaretsky pelos comentários valiosos sobre esse capítulo, a Daniel Boscov-Ellen pela assistência de pesquisa, e, sobretudo, a Michael Dawson pela inspiração e pelo estímulo.

O capítulo 3 teve uma versão inicial apresentada na 38.ª Palestra Anual Marc Bloch da École des hautes études en sciences sociales, em Paris, no dia 14 de junho de 2016, sendo publicada na edição 100 da *New Left Review*, no mesmo ano, com o título "Contradictions of Capital and Care".³ Muitos de seus

---

¹ N.T: Publicado no Brasil em março de 2015 na *Revista Direito e Práxis* (v. 6, n. 1) com o título "Por trás do laboratório secreto de Marx – por uma concepção expandida do capitalismo", em tradução de Mayra Cotta e Miguel Patriota.

² N.T: Publicado no Brasil em 2020 em *Teorias críticas e crítica ao direito* (v. 1) pela Lumen Juris, com o título "É o capitalismo necessariamente racista?".

³ N.T: Publicada no Brasil em *Princípios: Revista de Filosofia* (UFRN) em julho de 2020 (v. 27, n. 53), com o título "Contradições

argumentos foram desenvolvidos em diálogo com Cinzia Arruzza e Johanna Oksala, a quem sou profundamente grata.

Uma versão anterior do capítulo 4 foi apresentada em Viena, na aula inaugural da primeira edição do programa Karl Polanyi Visiting Professorship, no dia 4 de maio de 2021, com o título "Incinerating Nature: Why Global Warming is Baked into Capitalist Society" ["Incinerando a natureza: por que o aquecimento global é ingrediente básico da sociedade capitalista"] e outra foi publicada, no mesmo ano, na edição 127 da *New Left Review* com o título "Climates of Capital: For a Trans-environmental Eco-socialism".[4]

Uma versão anterior do capítulo 5 foi publicada, primeiro, em *Critical Historical Studies*, no volume 2, de 2015, com o título "Legitimation Crisis? On the Political Contradictions of Financialized Capitalism"[5] e, mais tarde, publicada em alemão pela Suhrkamp Verlag, em 2019, no livro *Was stimmt nicht mit der Demokratie? Eine Debatte mit Klaus Dörre: Nancy Fraser, Stephan Lessenich und Hartmut Rosa*, editado por Hanna Ketterer e Karina Becker.

Uma versão anterior do capítulo 6 foi apresentada pela primeira vez como palestra pela Solomon Katz Distinguished Lecture in the Humanities, da Universidade de Washington,

---

entre capital e cuidado", em tradução de José Ivan Rodrigues de Sousa Filho.

[4] N.T: Publicado em 2022 no Brasil na edição 38 da revista *Margem Esquerda* da editora Boitempo com o título "O clima do capital: por um ecossocialismo transambiental".

[5] N.T: Publicado em português em 2018 em *Cadernos de filosofia alemã – crítica e modernidade* (v. 23, n. 2), da Universidade de São Paulo, com tradução de José Ivan Rodrigues de Sousa Filho, com o título "Crise de legitimação? Sobre as contradições políticas do capitalismo financeirizado".

no dia 8 de maio de 2019 e, no mesmo ano, publicada no volume 56 da *Socialist Register, Beyond Market Dystopia: New Ways of Living*, com o título "What Should Socialism Mean in the 21st Century?" ["Qual deve ser o sentido de socialismo no século XXI?"].

Prefácio
Capitalismo canibal: estamos fritos?

Nenhuma pessoa que venha a ler este livro precisa ouvir de mim que estamos em uma enrascada. Já é sabido, e até causa choque, o emaranhado de ameaças iminentes e desgraças concretizadas: o endividamento devastador, a precarização e os meios de vida sitiados; o declínio nos serviços, o dilaceramento das infraestruturas e o endurecimento das fronteiras; a violência racializada, pandemias mortais e eventos climáticos extremos — tudo envolto em disfunções políticas que bloqueiam nossa capacidade de vislumbrar e implementar soluções. Nada disso é novidade nem exige grandes explicações.

O que este livro *de fato* oferece é um mergulho na fonte de todos esses horrores. Apresenta um diagnóstico do que impulsiona a mazela e dá nome ao autor do crime. "Capitalismo canibal" é meu termo para se referir ao sistema social que nos trouxe a este ponto. Para entender por que o termo é oportuno, consideremos cada um dos palavrões que o compõem.

"Canibalismo" tem diversos significados. O mais familiar e mais concreto é o ritual de um ser humano comer a carne de outro. Carregado de um longo histórico racista, o termo foi aplicado, por meio de uma lógica invertida, às populações negras africanas afetadas pela predação imperial europeia. Há certa satisfação, então, em virar o jogo e evocar o termo, aqui, para descrever a classe capitalista — grupo que, como este livro mostrará, se alimenta de todos os demais. Mas o termo também tem um sentido mais abstrato, que capta uma verdade mais profunda sobre nossa sociedade. O verbo "canibalizar" significa privar um estabelecimento ou empreendimento de um elemento essencial para seu funcionamento a fim de criar ou sustentar outro. Como veremos, isso se assemelha, de forma plausível, à relação entre a economia capitalista e os territórios não econômicos do sistema: famílias e comunidades, habitats e ecossistemas, capacidades estatais e poderes públicos que têm sua substância consumida pela economia para inflar o próprio sistema.

Há também um significado especializado para o verbo "canibalizar" na astronomia: diz-se que um corpo celeste canibaliza outro quando aquele incorpora a massa deste por meio da atração gravitacional. Como mostrarei aqui, essa também é uma caracterização oportuna do processo pelo qual o capital atrai para sua órbita a riqueza natural e social de zonas periféricas do sistema-mundo. Há, por fim, o Ouroboros, serpente que se canibaliza engolindo a própria cauda, representada na capa deste livro. É uma imagem pertinente, como também veremos, para representar um sistema cuja natureza implica devorar as bases naturais, políticas e sociais de sua própria existência — bases que também são nossas. Dito tudo isso, a metáfora do canibalismo oferece diversos caminhos promissores para uma análise da sociedade capitalista. Ela nos convida a ver essa sociedade como um grande banquete institucionalizado, onde o prato principal somos nós.

O termo "capitalismo" também pede explanação. A palavra é utilizada, em geral, para referir um sistema econômico baseado na propriedade privada e em trocas comerciais, no trabalho assalariado e na produção que visa o lucro. Mas essa definição é limitada demais e ofusca a verdadeira natureza do sistema em vez de revelá-la. "Capitalismo", como argumentarei aqui, designa melhor algo maior, uma ordem social que autoriza uma economia movida pelo lucro a predar os apoios extraeconômicos de que necessita para funcionar: a riqueza expropriada da natureza e dos povos sujeitados; as múltiplas formas do trabalho de cuidado, que enfrenta uma desvalorização crônica — isso quando não é inteiramente rejeitado —; os bens e os poderes públicos que o capital exige e, ao mesmo tempo, tenta restringir; a energia e a criatividade do povo trabalhador. Embora não apareçam nos balanços patrimoniais das empresas, essas formas de riqueza são precondições essenciais para o lucro e os ganhos que efetivamente entram nos controles contábeis corporativos. Alicerces vitais da acumulação, são também componentes constitutivos da ordem capitalista.

Desse modo, neste livro, "capitalismo" se refere não a um tipo de economia, mas a um tipo de *sociedade*: uma sociedade que autoriza uma economia oficialmente designada a acumular valor monetarizado para investidores e proprietários ao mesmo tempo em que devora a riqueza não economicizada de todos os demais. Servindo essa riqueza de bandeja às classes empresariais, essa sociedade as convida a se alimentarem de nossas capacidades criativas e da terra que nos sustenta sem a obrigação de reporem o que consomem, nem de repararem o que danificam. E essa é a receita do problema. Assim como o Ouroboros que come a própria cauda, a sociedade capitalista está pronta para devorar sua própria substância. Verdadeiro dínamo de autodesestabilização, precipita crises periódicas enquanto consome rotineiramente as bases da nossa existência.

O capitalismo canibal, portanto, é um sistema ao qual devemos a presente crise. Verdade seja dita: é um tipo raro de crise, em que múltiplos ataques de voracidade convergiram. O que enfrentamos, graças a décadas de financeirização, não é "apenas" uma crise de desigualdade desenfreada, precarização e baixos salários. Nem é uma "mera" crise do cuidado ou da reprodução social ou "só" uma crise de migração e violência racializada. Não é "simplesmente" uma crise ecológica em que um planeta cada vez mais quente expele pragas letais, tampouco "somente" uma crise política de sucateamento de infraestruturas, aumento do militarismo e proliferação de tiranos. Ah, não, a coisa é pior: trata-se de uma crise generalizada de toda a ordem social em que todas essas calamidades convergem, exacerbando-se entre si e ameaçando nos engolir por inteiro.

Este livro mapeia o imenso emaranhado de disfunção e dominação. Ampliando nossa visão sobre o capitalismo para incluir os ingredientes extraeconômicos da dieta do capital, a obra reúne em uma estrutura única *todas* as opressões, contradições e conflitos da atual conjuntura. Nesse enquadramento, injustiça estrutural significa exploração de classe, sem dúvida, mas também dominação de gênero e opressão racial-imperial — dois subprodutos não acidentais de uma ordem social que subordina a reprodução social à produção de mercadorias e exige a expropriação racializada para ratificar a exploração lucrativa. Do mesmo modo, como se compreende aqui, as contradições do sistema o inclinam não apenas a crises econômicas, mas também a crises de cuidado, ecologia e política — todas absolutamente afloradas hoje, cortesia do longo período de comilança empresarial conhecido como neoliberalismo.

Por fim, em minha concepção, o capitalismo canibal estimula uma ampla variedade e uma combinação complexa de lutas sociais: não apenas a luta de classes em termos da produção, mas também lutas nas fronteiras das articulações constitutivas do sistema. Onde a produção toca na reprodução social, o sistema incita conflitos relacionados ao cuidado, tanto público quanto privado, remunerado e não remunerado. No ponto em que a exploração se entrecruza com a expropriação, fomenta lutas sobre "raça", migração e império. Onde a acumulação atinge a base natural, o capitalismo canibal desencadeia conflitos por terra e energia, fauna e flora, pelo destino do planeta. Por fim, onde os mercados globais e as megacorporações se encontram com Estados nacionais e instituições de governança transnacional, o sistema provoca disputas pela forma, o controle e o alcance do poder público. Todos esses componentes de nossa atual adversidade encontram lugar em uma concepção ampliada de capitalismo que é, ao mesmo tempo, unitária e diferenciada.

Consciente dessa concepção, *Capitalismo canibal* levanta uma questão existencial urgente: "Estamos fritos?" Teremos capacidade de encontrar uma forma de desmantelar o sistema social que está nos conduzindo para as garras da obliteração? Conseguiremos nos unir para enfrentar todo o complexo de crises que o sistema gerou — não "só" o aquecimento do planeta, não "apenas" a destruição progressiva de nossas capacidades coletivas de ação pública, não o "mero" ataque generalizado contra nossa habilidade de cuidar uns dos outros e de sustentar laços sociais, nem "simplesmente" o despejo desproporcional dos efeitos colaterais sobre as populações pobres, trabalhadoras e racializadas, mas a crise *geral* em que todos esses males se entrelaçam? Será que conseguiremos vislumbrar um projeto emancipatório e contra-hegemônico de transformação ecossocial de envergadura e visão suficiente para coordenar as lutas de múltiplos movimentos sociais, partidos políticos, organizações sindicais e outros atores coletivos — um projeto com o objetivo de enterrar o canibal de uma vez por todas? Como argumento aqui, na atual conjuntura de nada adiantará um projeto menor que esse.

Além disso, ao ampliar nossa visão sobre o capitalismo, precisamos ampliar também nossa visão a respeito do que deve vir a substituí-lo. Seja chamando de socialismo ou de outra coisa, a alternativa que buscamos não pode ter como objetivo reorganizar apenas a economia do sistema. Deve-se também reorganizar sua relação com todas essas formas de riqueza que o sistema canibaliza. O que deve ser reinventado, assim, é a relação entre produção e reprodução, poder público e privado, sociedade humana e natureza não humana. Pode parecer pedir demais, mas é o melhor que podemos esperar. Somente com pensamentos grandiosos teremos chance de lutar e derrotar o ímpeto implacável que o capitalismo canibal tem de nos devorar por completo.

1 Onívoro: por que precisamos ampliar nossa concepção de capitalismo

O capitalismo voltou! Depois de décadas de raras ocorrências do termo fora dos escritos de pensadores marxistas, comentaristas de tendências diversas estão agora abertamente preocupados com a sustentabilidade do sistema, acadêmicos de todas as escolas correm para sistematizar suas críticas a ele e ativistas de todo o mundo se mobilizam em oposição a suas práticas. Decerto, a volta do "capitalismo" é um desdobramento bem-vindo, um marcador cristalino — se era preciso haver algum — da profundidade da atual crise e da sede universal por uma análise sistemática a esse respeito. Sintomaticamente, o que todo o debate sobre o capitalismo indica é uma crescente consciência de que é possível rastrear os males heterogêneos que nos cercam — financeiros, econômicos, ecológicos, políticos, sociais — até uma raiz comum; e de que reformas incapazes de confrontar os profundos alicerces estruturais desses males estão fadadas ao fracasso. Do mesmo modo, a renascença do termo sinaliza o desejo de uma análise que elucide, em diferentes partes, as relações entre as lutas sociais díspares de nosso tempo. Uma análise que possa fomentar uma estreita colaboração, se não uma completa unificação das correntes mais avançadas e progressistas dentro do bloco antissistêmico. O palpite de que essa análise deve se concentrar no capitalismo está correto.

Não obstante, o *boom* atual no debate sobre o capitalismo continua em grande medida retórico — mais um sintoma do desejo de crítica sistêmica do que uma contribuição substancial a ela. Graças a décadas de amnésia social, gerações inteiras de jovens ativistas e estudiosos se tornaram praticantes sofisticados de análises do discurso, ao mesmo tempo se mantendo na total inocência quando se trata das tradições da *Kapitalkritik*. Apenas agora estão começando a perguntar como esta poderia ser praticada hoje para elucidar a atual conjuntura.

Seus "anciões", veteranos de eras anteriores do fermento anticapitalista que poderiam oferecer alguma orientação, estão atormentados por seus próprios antolhos. Apesar das boas intenções professadas, em grande medida não incorporam de maneira sistemática as contribuições do pensamento feminista, ecológico, pós-colonial e de libertação negra em suas compreensões sobre o capitalismo.

O resultado disso é que estamos passando por uma crise capitalista de imensa gravidade sem uma teoria crítica que a elucide, muito menos nos aponte uma resolução emancipatória. A crise atual certamente não se encaixa nos modelos típicos que herdamos: é multidimensional, abrangendo não só a economia oficial (incluindo o sistema financeiro), como também os chamados fenômenos "não econômicos", como o aquecimento global, o "déficit de cuidado" e o esvaziamento do poder público em todas as escalas. Ainda assim, os modelos de crise que nos foram transmitidos tendem a se concentrar de forma exclusiva nos aspectos econômicos, os quais são privilegiados e descolados de outras facetas. Igualmente importante é o fato de que a crise atual está gerando novas configurações políticas e gramáticas de conflito social. As lutas pela natureza, pela reprodução social, contra a despossessão e pelo poder público são centrais nessa constelação, implicando múltiplos eixos de desigualdade, incluindo nacionalidade/raça-etnia, religião, sexualidade e classe. No entanto, também nesse sentido os modelos teóricos que herdamos nos desapontam, pois continuam a priorizar as lutas pelo trabalho no ponto da produção. De modo geral, portanto, faltam-nos concepções de capitalismo e crise capitalista adequadas ao nosso tempo.

Defendo que o *capitalismo canibal* é essa concepção. Introduzo-o neste capítulo perguntando o que está por trás do principal argumento de Karl Marx *O capital*, Livro 1. Essa obra tem muito a oferecer na forma de recursos conceituais gerais e está, a princípio, aberta às preocupações mais amplas que acabo de mencionar. Ainda assim, falha em não considerar sistematicamente gênero, raça, ecologia e poder político como eixos estruturantes da desigualdade nas sociedades capitalistas, e, menos ainda, como apostas e premissas de luta social. Suas melhores contribuições precisam, então, ser reconstruídas. Aqui, portanto, minha estratégia será olhar primeiro *para* Marx e, depois, *por trás* de Marx na esperança de lançar nova luz a algumas questões antigas: o que exatamente *é* o capitalismo e como conceituá-lo da melhor forma? Devemos pensar nele como um sistema econômico, uma forma de vida ética ou uma ordem social institucionalizada? Como devemos caracterizar suas "tendências a crises" e onde devemos localizá-las?

Definindo as características do capitalismo, segundo Marx

Começo retomando o que Marx considerou características definidoras do capitalismo. Desse modo, o raciocínio que vou seguir até o capitalismo canibal parecerá, à primeira vista, ortodoxo. Mas pretendo desortodoxizá-lo em breve, ao mostrar como essas características pressupõem outras, que constituem suas condições de possibilidade de fundo. Assim como Marx olhou para o que havia atrás da esfera da troca, no "terreno oculto" da produção, para descobrir os segredos do capitalismo, buscarei as condições de possibilidade da produção que estão por trás dessa esfera em campos ainda mais ocultos.

Para Marx, a primeira característica definidora do capitalismo é a propriedade privada dos meios de produção, que pressupõe uma divisão de classe entre proprietários e produtores. Essa divisão surgiu como resultado da ruptura de um mundo social anterior em que a maioria das pessoas, embora situadas das maneiras mais diversas, tinha acesso aos meios de subsistência e produção — em outras palavras, acesso a alimento, abrigo, roupas, ferramentas, terra e trabalho sem precisar passar pelo mercado de trabalho. O capitalismo derrubou esses arranjos por completo. Cercou os comuns, aboliu os direitos consuetudinários de uso da maioria e transformou recursos compartilhados em propriedade privada de uma pequena minoria.

Isso leva diretamente à segunda característica central do capitalismo apontada por Marx: o livre-mercado de trabalho. Uma vez separada dos meios de produção, a imensa maioria das pessoas teve que passar por essa instituição peculiar para trabalhar e receber o necessário para continuar vivendo e criar seus filhos e filhas. Vale ressaltar quão bizarro, "antinatural", historicamente anômalo e específico é o livre-mercado de trabalho. A ideia de "livre" aqui tem um duplo sentido: primeiro, em termos do estatuto jurídico o trabalho não é escravizado, submetido à servidão, fideicometido ou de outra forma vinculado a um dado lugar ou senhor específico — portanto, é fluido e capaz de ser acordado em um contrato. Mas, em segundo lugar, o trabalho é "livre" de acesso aos meios de subsistência e de produção, incluindo os direitos consuetudinários de uso da terra e das ferramentas — portanto, é desprovido de recursos e prerrogativas que permitiriam a uma pessoa se abster do mercado de trabalho. Assim, o capitalismo é definido, em parte, por sua constituição e pelo uso do trabalho assalariado (duplamente) livre, embora, como veremos, também se apoie em um imenso contingente de trabalho não livre ou dependente, não reconhecido ou não remunerado.

A seguir vem o fenômeno igualmente estranho do valor que "se" expande, terceira característica central referida por Marx.[1] O capitalismo é peculiar por ter um impulso sistêmico objetivo: a saber, a acumulação de capital. Desse modo, tudo o que os proprietários fazem, na condição de capitalistas, tem o objetivo de expandir o próprio capital. Assim como os produtores, eles também enfrentam uma compulsão sistêmica peculiar. Os esforços de todas as pessoas para satisfazer suas necessidades são indiretos, arreados a outra coisa que assume a prioridade: um imperativo acachapante inscrito em um sistema impessoal, o impulso próprio do capital de "se" expandir eternamente. Marx é brilhante nesse ponto. Em uma sociedade capitalista, o autor argumenta, o próprio capital se torna o Sujeito. Os seres humanos são seus peões, reduzidos a descobrir como conseguir o que precisam nos interstícios enquanto alimentam a fera.

A quarta característica especifica o papel distintivo dos mercados na sociedade capitalista. Os mercados existiram ao

---

[1] O capital é muitas vezes definido na tradição marxista como o valor que se *autovaloriza*. Mas essa formulação é enganosa. Na realidade, o capital se expande tanto pela apropriação do tempo de trabalho excedente dos trabalhadores assalariados explorados quanto pela expropriação da riqueza não capitalizada e subcapitalizada de trabalhadores e trabalhadoras do cuidado, de populações racializadas e da natureza. Ele se expande, em outras palavras, não por si próprio, mas por nos canibalizar. Destaco esse ponto colocando o termo "se" entre aspas.

longo de toda a história humana, incluindo em sociedades não capitalistas. No entanto, seu funcionamento no capitalismo se distingue por duas características mais. Primeiro, na sociedade capitalista os mercados servem para alocar os grandes insumos na produção de mercadorias. Compreendidos pela economia política burguesa como "fatores de produção", esses insumos eram originalmente terra, trabalho e capital. Além de utilizar os mercados para alocar o trabalho, o capitalismo também os utiliza para alocar bens imóveis, bens de capital, matérias-primas e crédito. Na medida em que aloca esses insumos produtivos por meio de mecanismos de mercado, o capitalismo os transforma em mercadorias. Nas palavras notáveis do economista Piero Sraffa, de Cambridge, trata-se de um sistema para "a produção de mercadorias por meio de mercadorias", ainda que dependa, como veremos, de um pano de fundo de não mercadorias.[2]

Mas há também uma segunda função crucial que os mercados assumem em uma sociedade capitalista: eles determinam como o excedente da sociedade será investido. "Excedente", para Marx, é o fundo coletivo das energias sociais que excedem aquelas necessárias para reproduzir determinada forma de vida ou repor o que foi consumido no processo de vivê-la. A forma como a sociedade utiliza suas capacidades excedentes é absolutamente central, levantando questões fundamentais sobre como as pessoas querem viver — onde escolhem investir suas energias coletivas, como propõem equilibrar "trabalho produtivo" em face da vida familiar, do lazer e de outras atividades — bem como almejam se relacionar com a natureza

---

[2] Sraffa, Piero. *Produção de mercadorias por meio de mercadorias: prelúdio a uma crítica da teoria econômica*. Trad. Helga Hoffmann. Rio de Janeiro: Paz e Terra, 1977.

não humana e o que pretendem deixar para as gerações futuras. As sociedades capitalistas tendem a deixar essas decisões para as "forças do mercado". Esta talvez seja sua mais perversa e grave característica: a entrega das questões mais importantes a um mecanismo feito para promover a expansão quantitativa de valor monetarizado e congenitamente alheio às métricas qualitativas de riqueza social e bem-estar humano. Há aí uma relação próxima com nossa terceira característica fundamental: a direcionalidade inerente e cega do capital, o processo de "se" expandir por meio do qual se constitui como sujeito da história deslocando os seres humanos que o criaram e transformando-os em servos.

Ao destacar esses dois papéis dos mercados, busco contrapor uma visão muito difundida de que o capitalismo impulsiona a sempre crescente mercantilização da vida como tal. Acredito que essa visão leva a um beco sem saída de fantasias distópicas de um mundo completamente mercantilizado. Essas fantasias não só negligenciam os aspectos emancipatórios dos mercados, como também desconsideram o fato destacado por Immanuel Wallerstein, teórico dos sistemas-mundo, de que o capitalismo tem muitas vezes operado nas bases de famílias "semiproletarizadas". Nesses arranjos, que permitem aos proprietários pagar menos aos trabalhadores, muitas famílias obtêm parte de seu sustento de fontes outras que não o ordenado que recebem em espécie, incluindo autoprovisão (horta, costura), reciprocidade informal (ajuda mútua, transações que não envolvem dinheiro) e transferências estatais (benefícios de bem-estar social, serviços sociais, bens públicos).[3] Esses arranjos mantêm uma parcela considerável de atividades e bens fora

---

[3] Wallerstein, Immanuel. *O capitalismo histórico*. Trad. Denise Bottmann. São Paulo: Brasiliense, 1985.

do alcance do mercado. Não são meras reminiscências residuais de tempos pré-capitalistas, nem estão em vias de acabar. O fordismo de meados do século XX, por exemplo, somente conseguiu promover o consumismo da classe trabalhadora em países industrializados do centro por meio de famílias semiproletarizadas que combinavam o emprego dos homens com o trabalho doméstico das mulheres, bem como inibindo o desenvolvimento do consumo de mercadorias na periferia. A semiproletarização é ainda mais evidente no neoliberalismo, que construiu toda uma estratégia de acumulação ao expulsar bilhões de pessoas da economia oficial para zonas cinzentas informais, de onde o capital desvia a riqueza. Como veremos, esse tipo de "acumulação primitiva" é um processo contínuo a partir do qual o capital lucra e do qual depende.

A questão, então, é que os aspectos mercadorizados das sociedades capitalistas coexistem com os aspectos não mercadorizados. Isso não é um golpe de sorte, nem uma contingência empírica, mas uma característica inerente ao DNA do capitalismo. Na verdade, o termo "coexistência" não dá conta de captar a relação entre aspectos mercadorizados e não mercadorizados de uma sociedade capitalista. Termos melhores seriam "dependência" ou "imbricação funcional", mas essas expressões também não transmitem a perversidade dessa relação.[4] Esse aspecto, que logo ficará mais compreensível, é melhor expresso por "canibalização".

---

[4] Polanyi, Karl. *A grande transformação: as origens da nossa época*. Trad. Fanny Wrobel. Rio de Janeiro: Campus, 2000. Fraser, Nancy. "Can Society Be Commodities All the Way Down?". *Economy and Society 43*, 2014.

Por trás do "terreno oculto" de Marx

Até aqui, formulei uma definição bastante ortodoxa de capitalismo com base nas quatro características centrais que parecem ser "econômicas", tendo efetivamente seguido Marx ao olhar para o "terreno oculto" da produção que está por trás dessa perspectiva lógica, concentrada nas trocas de mercado. Agora, no entanto, quero olhar para o que está por trás desse terreno oculto para enxergar o que está ainda mais encoberto. Minha argumentação é de que a explicação de Marx sobre a produção capitalista só faz sentido quando começamos a dar forma a suas condições de possibilidade de fundo que a caracterizam. A próxima pergunta será, então: o que deve existir por trás dessas características centrais para que elas sejam possíveis?

O próprio Marx discorre sobre uma questão desse tipo perto do fim do Livro I de *O capital*, no capítulo sobre a chamada acumulação "primitiva" ou original.[5] De onde o capital veio? — pergunta o autor. Como a propriedade privada dos meios de produção passou a existir e como os produtores foram separados deles? Nos capítulos anteriores do livro, Marx havia desnudado a lógica econômica do capitalismo abstraindo-a de suas condições de possibilidade de fundo, tratadas como simplesmente dadas. Mas acontece que há toda uma história por trás da origem do próprio capital — uma história violentíssima de despossessão e expropriação. Além disso, como teóricos que vão de Rosa Luxemburgo a David Harvey já destacaram, essa história de fundo não está localizada apenas no passado,

---

[5] Marx, Karl. *O capital. Crítica da economia política, Livro I: O processo de produção do capital*. Trad. Rubens Enderle. São Paulo: Boitempo, 2011.

nas "origens" do capitalismo.⁶ Ainda que não oficial, a expropriação é um mecanismo contínuo de acumulação que segue ao lado do mecanismo oficial da exploração — a "história visível" de Marx, por assim dizer.

Esse movimento da história visível da exploração para a história de fundo da expropriação constitui uma grande virada epistêmica, que lança outra luz a tudo o que veio antes. É análogo ao movimento que Marx faz anteriormente, no início do Livro 1, quando nos convida a deixar para trás a esfera das trocas de mercado e a perspectiva da lógica burguesa a ela associada para adentrar o terreno oculto da produção, que proporciona uma perspectiva mais crítica. Como resultado desse primeiro movimento, descobrimos um segredo vil: a acumulação age pela exploração. Em outras palavras, a expansão do capital não acontece pela troca de equivalentes, como sugere a perspectiva de mercado, mas precisamente pelo seu oposto: pela não remuneração de uma parte do tempo de trabalho dos trabalhadores. De modo semelhante, quando nos movemos, no fim do livro, da exploração para a expropriação, descobrimos um segredo ainda mais vil: por trás da coerção sublimada do trabalho assalariado estão a violência expressa e o roubo descarado. Trocando em miúdos, a longa elaboração sobre a lógica econômica do capitalismo que constitui a maior parte do Livro 1 não dá a palavra final. A ela se segue um movimento até outra perspectiva, a da despossessão. Esse movimento, no sentido do que está por trás do "terreno oculto", também

---

⁶ Luxemburgo, Rosa. *A acumulação do capital: estudo sobre a interpretação econômica do imperialismo*. Trad. Moniz Bandeira. Rio de Janeiro: Zahar Editores, 1970. Harvey, David. *O novo imperialismo*. Trad. Adail Sobral e Maria Stela Gonçalves. São Paulo, Edições Loyola, 2005.

é uma inflexão para a história e para o que tenho chamado de condições de possibilidade de fundo da exploração.

Pode-se dizer, no entanto, que Marx não desenvolveu todas as implicações dessa virada epistêmica da exploração para o terreno ainda mais oculto da expropriação. Também não teorizou algumas outras viradas epistêmicas importantes implícitas em sua exposição sobre o capitalismo. Esses movimentos para terrenos que estão mais ocultos ainda carecem de conceituação, pois tratam de todas as implicações da acumulação "primitiva". Se pretendemos desenvolver uma compreensão adequada do capitalismo do século XXI, todas essas questões precisam ser incluídas em novos volumes de *O capital*.

Da produção da mercadoria à reprodução social

Uma virada epistêmica essencial é aquela da produção para a reprodução social — as formas de provimento, cuidado e interação que produzem e sustentam os seres humanos e os vínculos sociais. Chamada por diversos nomes, como "cuidado", "trabalho afetivo" ou "subjetivação", essa atividade forma os sujeitos humanos do capitalismo sustentando-os como seres naturais corporificados ao mesmo tempo em que os constitui como seres sociais, formando seu *habitus* e a substância socioética, ou *Sittlichkeit*,[7] na qual eles se movimentam. É

---

[7] N.E: Conceito hegeliano traduzido, normalmente, como "eticidade", e cuja primeira aparição se deu na *Fenomenologia do espírito* (1807) e, depois, no *Princípios da filosofia do direito* (1820). De elaboração complexa e digna de enormes discussões, trata-se da moral pública, isto é, aquela que tange à vida familiar, social e política do sujeito, diferenciando-se da *Moralität* [moralidade], cujo escopo diz respeito à autonomia do sujeito e teria caráter

central, aqui, o trabalho de dar à luz e socializar a juventude construindo comunidades, produzindo e reproduzindo sentidos compartilhados, disposições afetivas e horizontes de valor que amparam a cooperação social. Nas sociedades capitalistas, muito dessa atividade — embora não toda — acontece fora do mercado, nos lares, nos bairros e em uma variedade de instituições públicas, incluindo escolas e creches; e muito disso, embora não tudo, não toma a forma de trabalho assalariado. Ainda assim, a atividade de reprodução social é absolutamente necessária para a existência do trabalho assalariado, a acumulação de mais-valor e o funcionamento do capitalismo como tal. O trabalho assalariado não poderia existir na ausência do trabalho doméstico, da criação dos filhos, da educação, do cuidado afetivo e de diversas outras atividades que ajudam a produzir novas gerações de trabalhadores e trabalhadoras e a repor as existentes, além de manter os vínculos sociais e os entendimentos compartilhados. Portanto, assim como a "acumulação original", a reprodução social é uma condição de fundo indispensável para a produção de mercadorias.

Além disso, a divisão entre reprodução social e produção de mercadorias é estruturalmente central para o capitalismo e, de fato, um artefato do sistema. Como inúmeras teóricas feministas já destacaram, essa distinção tem uma profunda marca de gênero, sendo a reprodução associada às mulheres

---

a priori individual, embora implique em liberdade positiva -- o *Recht* (direito) seria a liberdade negativa. As origens do termo são antiquíssimas e remetem à mesma raiz etimológica de "sítio" ou "situado", encontrando ecos na própria filosofia indiana antiga, embora tenha conexões com a própria palavra ética e com o sentido da moral maior (*mos maiourum*) dos romanos antigos: isto é, a moral ou ética constitutiva da vida coletiva.

e a produção aos homens. Historicamente, a separação entre trabalho "produtivo" remunerado e "reprodutivo" não remunerado sustentou as formas capitalistas modernas de subordinação das mulheres. Assim como a divisão entre proprietários e trabalhadores, essa divisão também se baseia na cisão de um mundo anterior. Neste caso, o que se estilhaçou foi um mundo em que o trabalho das mulheres, embora distinto daquele dos homens, não deixava de ser visibilizado e reconhecido publicamente como parte constituinte do universo social. Com o capitalismo, em contraste, o trabalho reprodutivo é cindido, relegado a uma esfera doméstica "privada" e separada, onde sua importância social fica obscurecida. Neste novo mundo, onde o dinheiro é o meio primordial do poder, o fato de não ser remunerado ou ser mal remunerado confirma a questão: aquelas que realizam esse trabalho ficam estruturalmente subordinadas àquelas que ganham os salários na "produção", mesmo que seu trabalho "reprodutivo" também forneça as precondições necessárias para o trabalho assalariado.

Assim, longe de ser universal, a divisão entre produção e reprodução surgiu historicamente com o capitalismo. Mas não foi simplesmente dada de maneira definitiva para todas as pessoas. Pelo contrário, a divisão se transmutou ao longo do tempo, tomando formas diferentes em diferentes fases do desenvolvimento capitalista. Durante o século XX, alguns aspectos da reprodução social foram transformados em serviços e bens públicos, desprivatizados, mas não mercantilizados. Hoje, a divisão está se modificando de novo, na medida em que o neoliberalismo privatiza e mercantiliza esses serviços mais uma vez, ao mesmo tempo em que mercantiliza outros aspectos da reprodução social pela primeira vez. Além disso, ao exigir a redução do provimento público e, concomitantemente, recrutar as mulheres em peso para o trabalho mal remunerado no setor de serviços, a atual forma do capitalismo está remapeando as fronteiras institucionais que antes separavam a produção de mercadorias da reprodução social e, no processo, reconfigurando a ordem de gênero. Outro aspecto de igual importância é que essa atual forma está canibalizando a reprodução social, permitindo que o capitalismo a devore livremente sem fazer sua reposição. O efeito disso, como veremos no capítulo 3, é que essa condição vital para a acumulação se transforma em um dos principais pontos críticos da crise capitalista.

Da economia à ecologia

Devemos considerar, também, uma segunda virada igualmente relevante na perspectiva epistêmica, que nos direciona a outro terreno oculto. Esta é melhor exemplificada no trabalho de pensadores e pensadoras ecossocialistas que estão hoje escrevendo outra história de fundo, focalizando a canibalização da natureza pelo capitalismo. Essa história se refere à anexação da natureza — que Rosa Luxemburgo chamou de *Landnahme* — pelo capital, tanto como fonte de "insumos" para a produção quanto como "escoadouro" para absorver seus resíduos. A natureza, aqui, é transformada em recurso para o capital, com valor ao mesmo tempo pressuposto e denegado. Tratada como gratuita nas contas do capital, a natureza é apropriada livremente, ou a baixo custo, sem que haja reparação nem reposição, com base na suposição tácita de que é apta a infinita autorrestauração. Desse modo, a capacidade do planeta de sustentar a vida e se renovar constitui outra condição de fundo necessária para a produção de mercadorias e a acumulação de capital — e outro objeto de canibalização.

Estruturalmente, o capitalismo supõe e de fato inaugura uma aguda divisão entre o campo natural, concebido como algo que fornece uma oferta gratuita e constante de "matéria-prima" disponível à apropriação, e o campo econômico, concebido como uma esfera de valor, produzido por e para seres humanos. Isso é acompanhado do endurecimento de uma distinção que já existia entre a Humanidade, vista como espiritual, sociocultural e histórica, e a Natureza (não humana), vista como material, dada objetivamente e a-histórica. A intensificação dessa distinção também se baseia na cisão de um mundo anterior, no qual os ritmos da vida social eram, em muitos aspectos, adaptados àqueles da natureza não humana. O capitalismo separou de forma brutal os seres humanos dos ritmos sazonais naturais, recrutando-os à produção industrial, movida a combustíveis fósseis, e à agricultura com fins lucrativos, tonificada com agrotóxicos. Introduzindo o que Marx chamou de "ruptura metabólica", inaugurou-se o que foi apelidado de forma enganosa de Antropoceno: uma era geológica inédita em que a "atividade humana" — na verdade, o capital — está canibalizando o planeta.[8]

Emergindo com o capitalismo, essa divisão também se transmutou ao longo do desenvolvimento do sistema. A atual fase neoliberal inaugurou uma nova rodada de cercamentos — a mercantilização da água, por exemplo —, que estão levando "mais da natureza" (se é que se pode falar dessa forma) para a história de frente da economia. Ao mesmo tempo, o neolibe-

---

[8] Marx, Karl. *O capital. Crítica da economia política, Livro III: O processo global da produção capitalista*. Trad. Rubens Enderle. São Paulo: Boitempo, 2017. Foster, John Bellamy. "Marx's Theory of Metabolic Rift: Classical Foundations of Environmental Sociology". *American Journal of Sociology 105*, nº 2, setembro de 1996. Para uma crítica do conceito de Antropoceno, consulte o capítulo 4 desse volume.

ralismo promete turvar a fronteira entre natureza e humano: veja as novas tecnologias reprodutivas e a evolução ciborgue em curso.[9] No entanto, longe de oferecer uma "reconciliação com a natureza", esses desdobramentos intensificam sua canibalização pelo capital. Ao contrário dos cercamentos de terras sobre os quais Marx escreveu, que "apenas" mercadorizaram fenômenos naturais que já existiam, os novos cercamentos penetram fundo "dentro" da natureza alterando sua gramática interna. Por fim, o neoliberalismo está mercadorizando o ambientalismo: considere o agitado mercado de licenças de emissão e compensação de carbono e dos "derivativos ambientais", que afastam o capital do investimento de grande escala e de longo prazo necessário para transformar formas insustentáveis de vida baseadas em combustíveis fósseis. Como veremos no capítulo 4, esse ataque contra o que resta dos comuns ecológicos está transformando a condição natural da acumulação capitalista em outro nó central da crise capitalista.

Do econômico ao político

Consideremos, a seguir, uma terceira grande virada epistêmica, que aponta as condições políticas de possibilidade do capitalismo: sua dependência dos poderes públicos para estabelecer e impor suas normas constitutivas. Afinal, na ausência de uma estrutura legal que sustente a empresa privada e a troca

---

[9] Haraway, Donna. "Manifesto ciborgue: ciência, tecnologia e feminismo socialista no final do século XX". *Antropologia do ciborgue: as vertigens do pós-humano*. Trad. Tomaz Tadeu. Belo Horizonte: Autêntica, 2009. Disponível em: https://edisciplinas.usp.br/pluginfile.php/2133998/mod_resource/content/1/ANTROPOLOGIA%20DO%20CIBORGUE.pdf.

mercadológica, o capitalismo é inconcebível. Sua história de frente tem uma dependência crucial dos poderes públicos para garantir os direitos de propriedade, fazer cumprir contratos, julgar conflitos, reprimir rebeliões anticapitalistas e manter a oferta de dinheiro que constitui a força vital do capital. Historicamente, os poderes públicos em questão se alojaram, em grande medida, em Estados territoriais, incluindo aqueles que operam como poderes coloniais e imperiais no âmbito transnacional. Foram os sistemas jurídicos desses Estados que estabeleceram os contornos de arenas aparentemente despolitizadas dentro das quais atores privados poderiam buscar seus interesses "econômicos", livres, por um lado, da interferência "política" escancarada e, por outro, das obrigações de patronagem derivadas do parentesco. Do mesmo modo, foram os Estados territoriais que mobilizaram a "força legítima" para coibir a resistência às expropriações que deram origem e sustentação às relações da propriedade capitalista. Por fim, foram esses Estados que nacionalizaram e deram anuência ao dinheiro.[10] Pode-se dizer que, historicamente, o Estado "constituiu" a economia capitalista.

Encontramos, aqui, outra importante divisão estrutural constitutiva da sociedade capitalista: aquela entre a política e a economia. Com essa divisão vem a diferenciação institucional entre poder público e privado, coerção política e econômica. Assim como as demais divisões centrais que discutimos, esta também surgiu como resultado da cisão de um mundo anterior. Neste caso, o que foi desmantelado foi um mundo social

---

[10] Ingham, Geoffrey. *The Nature of Money*. Cambridge: Cambridge University Press, 2004. Graeber, David. *Dívida: os primeiros 5.000 anos*. Trad. Rogério Bettoni. São Paulo: Três Estrelas, 2016.

no qual o poder político e o econômico eram efetivamente fundidos — como, por exemplo, na sociedade feudal, onde o controle sobre o trabalho, a terra e a força militar era conferido a uma única instituição de senhorio e vassalagem. Na sociedade capitalista, ao contrário, como a teórica política Ellen Meiksins Wood demonstrou sofisticadamente, o poder econômico e o poder político são separados — a cada um é designada sua própria esfera, seu próprio meio e *modus operandi*.[11]

A história visível do capitalismo também apresenta, no entanto, condições políticas de possibilidade no nível geopolítico. A discussão aqui é a organização do espaço mais amplo no qual os Estados territoriais estão inseridos. Trata-se de um espaço no qual o capital se movimenta com grande facilidade, dado seu ímpeto expansionista. Mas sua capacidade de operar através das fronteiras depende de legislação internacional, acordos negociados entre as grandes potências e regimes supranacionais que pacificam, em parte (de modo conveniente ao capital), um campo muitas vezes imaginado como um estado de natureza. Ao longo de sua trajetória, a história de frente do capitalismo dependeu das capacidades militares e organizativas de uma sucessão de hegemonias globais que, como argumentou o sociólogo histórico braudeliano Giovanni Arrighi, buscaram promover a acumulação em uma escala cada vez mais expansiva dentro da estrutura do sistema de múltiplos Estados.[12]

---

[11] Wood, Ellen Meiksins. *O império do capital*. Trad. Paulo Castanheira. São Paulo: Boitempo, 2014.

[12] Arrighi, Giovanni. *O longo século XX: dinheiro, poder e as origens de nosso tempo*. Trad. Vera Ribeiro. Rio de Janeiro: Contraponto; São Paulo: Editora UNESP, 1996.

Aqui encontramos mais divisões estruturais constitutivas da sociedade capitalista: por um lado, a divisão "vestfaliana" entre "nacional" e "internacional" e, por outro, a divisão imperialista entre centro e periferia — ambas baseadas na premissa da divisão mais fundamental entre a economia capitalista cada vez mais global, organizada como um "sistema-mundo", e um mundo político organizado como um sistema internacional de Estados territoriais. Veremos no capítulo 5 que essas divisões também estão se transformando hoje, pois o neoliberalismo canibaliza as capacidades políticas sobre as quais o capital se apoiou historicamente tanto no nível do Estado quanto geopolítico. O efeito disso é transformar "o político" em mais um lugar importante da crise sistêmica.

Da exploração à expropriação

Por fim, devemos voltar à ideia que inspirou toda essa linha de raciocínio: a saber, a elaboração de Marx sobre a acumulação primitiva como uma precondição histórica para a acumulação do capital. Ao reconceber essa ideia como uma característica que se mantém no capitalismo moderno, em vez de uma marca de sua imaturidade agora superada, podemos conceituar outro "terreno por trás do terreno" cuja operação é estruturalmente necessária para esse sistema social. A necessidade oculta aqui é a expropriação: a captura forçada e contínua da riqueza de povos subjugados e minorizados. Embora seja geralmente vista como a antítese do processo característico de exploração do capitalismo, a expropriação é mais bem concebida como a condição que possibilita esse sistema.

Para enxergar o porquê disso, considere que essas duas "ex" contribuem para a acumulação, mas o fazem de formas diferentes. A exploração transfere valor para o capital sob o pretexto de uma troca contratual livre: em troca do uso da força de trabalho, os trabalhadores recebem salários que (supostamente) cobririam seu custo de vida — enquanto o capital se apropria de seu "tempo de trabalho excedente", ao menos remunera-os (supostamente) pelo "tempo de trabalho necessário". Na expropriação, em contrapartida, os capitalistas dispensam todas essas gentilezas em favor do confisco bruto dos bens de outras pessoas, pelos quais pagam pouco ou nada — ao direcionar o trabalho, a terra, os minerais e/ou a energia recrutada para as operações de suas empresas, reduzem os custos de produção e aumentam os lucros. Assim, longe de serem mutuamente excludentes, a expropriação e a exploração atuam de mãos dadas. Trabalhadores e trabalhadoras assalariados duplamente livres transformam "matérias-primas" saqueadas em máquinas movidas a fontes de energia confiscadas. Seus salários são mantidos em níveis baixos graças à disponibilidade de alimentos cultivados em terras roubadas por peões endividados e à disponibilidade de bens de consumo produzidos em fábricas em condições precárias por "outros" não livres ou dependentes, que não têm seus próprios custos de reprodução totalmente remunerados. A expropriação, assim, está na base da exploração e a torna lucrativa. Longe de estar confinada aos primórdios do sistema, trata-se de uma característica intrínseca à sociedade capitalista, tão constitutiva e estrutural quanto a exploração.

Além disso, a distinção entre as duas "ex" corresponde a uma hierarquia de status. Por um lado, os "trabalhadores" exploráveis recebem o status de cidadãos e sujeitos de direitos; passíveis de proteção do Estado, podem dispor livremente da própria força de trabalho. Por outro lado, os "outros" expropriáveis se constituem como seres não livres e dependentes; privados de proteção política, ficam indefesos e inerentemente violáveis. Assim, a sociedade capitalista divide as classes produtoras em duas categorias distintas de pessoas: uma adequada para a "mera" exploração, a outra destinada à expropriação bruta. Essa divisão representa outra fissura da sociedade capitalista tão constitutiva e estruturalmente arraigada quanto as demais, já discutidas, entre a produção e a reprodução, a sociedade e a natureza, a política e a economia.

Além disso, assim como as outras divisões, esta reforça um modo específico de dominação na sociedade capitalista: a saber, a opressão racial e imperial. Como veremos no capítulo 2, na maioria esmagadora das vezes são as populações racializadas que têm a proteção política negada na sociedade capitalista, sendo submetidas a reiteradas violações. Basta mencionar a escravidão, as populações sujeitadas e colonizadas, de "nativos" conquistados, de trabalhadores submetidos a trabalhos forçados por dívida, as pessoas "ilegais", aquelas condenadas por crimes, as sujeitadas e racializadas em Estados de *apartheid* e seus descendentes — todas elas sujeitas à expropriação não só uma vez (como aqueles que se tornaram trabalhadores cidadãos), mas reiteradamente. Portanto, a divisão "ex-ex" coincide, de modo aproximado, mas inequívoco, com a linha de cor[13] global. Ela implica uma variedade de injustiças estruturais, incluindo opressão racial, imperialismo (velho e novo), despossessão indígena e genocídio.

Aqui está, portanto, outra divisão estrutural constitutiva da sociedade capitalista. Igualmente sujeita a mudanças históricas, essa divisão serve também como base para a canibalização,

---

[13] N.T: No original, "color line". Termo utilizado pelo abolicionista Frederick Douglass e o historiador panafricanista W.E.B Du Bois para se referir à fronteira que segrega populações a partir da discriminação racial.

tendo um entrelaçamento profundo com as outras conceituadas aqui — e com as crises que hoje as afligem. Decerto, os componentes político, ecológico e sociorreprodutivo da crise são inseparáveis da expropriação racializada tanto na periferia quanto no centro: veja a dependência do capital nos poderes políticos, tanto nacionais quanto transnacionais, para garantir o acesso e a titulação de terras roubadas, trabalho coagido e minerais saqueados; sua dependência de zonas racializadas como depósitos de resíduos tóxicos e fornecedoras de trabalho de cuidado mal remunerado; seu recurso de promover divisões de status e ressentimentos raciais para amainar, deslocar ou fomentar crises políticas. Em suma, as crises econômicas, ecológicas, sociais e políticas estão entrelaçadas de forma indissociável com o imperialismo, a opressão racial e com os antagonismos cada vez mais profundos associados a eles.

O capitalismo é maior que a economia

Seria possível dizer muito mais sobre cada um desses aspectos, e mais será dito nos próximos capítulos. Mas, por ora, o elemento central do meu argumento deve ficar claro. Ao apresentar minha análise inicial do capitalismo, demonstrei que suas características econômicas de primeiro plano dependem de condições não econômicas de fundo. Um sistema econômico definido pela propriedade privada, a acumulação de um valor que "se" expande, a alocação mercadológica do excedente social e de insumos essenciais para a produção de mercadorias, incluindo o trabalho (duplamente) livre, é possibilitado por quatro condições de fundo cruciais, que dizem respeito, respectivamente, à reprodução social, à ecologia do planeta, ao poder político e às infusões contínuas da riqueza expropriada de povos racializados. Para entender o capitalismo, portanto, precisamos ressituar a história de frente de Marx em relação a essas quatro histórias de fundo. Precisamos conectar a perspectiva marxiana a outras correntes emancipatórias da teorização crítica: feminista, ecológica, política, anti-imperialista e antirracista.

Que tipo de animal é o capitalismo nessa análise? A imagem que elaborei difere de modo relevante da ideia familiar de que o capitalismo é um sistema econômico. É verdade que pode ter parecido, à primeira vista, que as características centrais identificadas aqui fossem "econômicas". No entanto, essa aparência é enganosa. Uma das peculiaridades do capitalismo é tratar suas relações sociais estruturantes *como se* fossem econômicas. Com efeito, rapidamente percebemos ser necessário discutir as condições "não econômicas" de fundo que permitem a existência de tal "sistema econômico". Essas são características de uma *sociedade* capitalista, não de uma *economia* capitalista. Longe de suprimir tais condições desse quadro, precisamos integrá-las em nossa compreensão do que é o capitalismo, significa reconceituá-lo como algo maior que a economia.

Do mesmo modo, o quadro que esbocei difere da visão do capitalismo como uma forma reificada de vida ética, caracterizada por mercantilização e monetarização generalizadas. Nessa visão, articulada no celebrado ensaio de Georg Lukács "A reificação e a consciência do proletariado", a forma de mercadoria coloniza toda a vida, deixando sua marca em fenômenos tão diversos quanto a lei, a ciência, a moralidade, a arte e a cultura.[14] Em minha visão, em contrapartida, a mercantilização está longe de ser universal na sociedade capitalista. Pelo contrário, onde está presente, sua própria existência depende de

---

[14] Lukács, Georg. *História e consciência de classe: estudos sobre a dialética marxista*. Trad. Rodnei Nascimento. São Paulo: Martins Fontes, 2003.

zonas de não mercantilização canibalizadas sistematicamente pelo capital.

Sejam sociais, ecológicas ou políticas, nenhuma dessas zonas não mercantilizadas espelha simplesmente a lógica da mercadoria. Cada uma incorpora gramáticas ontológicas e normativas distintivas próprias. Por exemplo, as práticas sociais orientadas para a reprodução, em oposição à produção, tendem a engendrar ideais de cuidado, responsabilidade mútua e solidariedade.[15] Do mesmo modo, as práticas orientadas para a política, em oposição à economia, em geral se referem a princípios de democracia, autonomia pública e autodeterminação coletiva. Assim, também, as práticas associadas às condições de fundo do capitalismo na natureza não humana tendem a fomentar valores como manejo ecológico, não dominação da natureza e justiça entre gerações. Por fim, práticas associadas à expropriação — ou melhor, à resistência a ela — geralmente promovem, de um lado, valores de integração e, de outro, de autonomia comunitária.

Decerto, essas normatividades "não econômicas" frequentemente assumem uma aparência hierárquica e provinciana (no caso da reprodução), restrita ou exclusivista (no caso da política), romântica e sectária (no caso da natureza não humana) e reificada e insensível a questões de classe (no caso da expropriação). Portanto, não devem ser idealizadas. Mas é importante, de qualquer modo, registrar sua divergência com relação aos valores associados com a camada visível do capitalismo: acima de tudo, crescimento, eficiência, troca igual, escolha individual, liberdade negativa e avanço meritocrático.

---

[15] Ruddick, Sara. *Maternal Thinking: Towards a Politics of Peace*. Londres: Women's Press, 1990. Trento, Joan. *Moral Boundaries: A Political Argument for an Ethic of Care*. Nova York: Routledge, 1993.

Essa divergência faz toda a diferença no modo como conceituamos o capitalismo. Longe de gerar uma lógica única e generalizada de reificação, a sociedade capitalista é normativamente diferenciada, compreendendo uma pluralidade determinada de ontologias sociais distintas e inter-relacionadas. O que acontece quando elas colidem ainda é incerto. Mas a estrutura que as sustenta já está evidente: a topografia normativa característica do capitalismo decorre das relações entre a camada visível e o plano de fundo que identificamos. Se desejamos desenvolver uma teoria crítica nesse sentido, devemos substituir a visão do capitalismo como forma reificada de vida ética por uma visão estrutural mais diferenciada.

Se o capitalismo não é nem um sistema econômico nem uma forma reificada de vida ética, o que é então? Minha resposta é que ele é mais bem concebido como uma ordem social institucionalizada, tal qual, por exemplo, o feudalismo. Compreender o capitalismo dessa forma enfatiza suas divisões estruturais, sobretudo as separações institucionais que identifiquei. Como vimos, a separação institucional entre "produção econômica" e "reprodução social" é constitutiva do capitalismo, uma separação de gênero que fundamenta expressamente as formas capitalistas de dominação masculina ao mesmo tempo que permite a exploração capitalista da força de trabalho e, por meio disso, seu modo de acumulação oficialmente sancionado. A separação institucional entre "economia" e "política" é também crucial para o capitalismo — separação essa que expulsa da agenda política de Estados territoriais questões definidas como econômicas, liberando o capital para transitar em uma terra de ninguém transnacional onde colhe os benefícios do ordenamento hegemônico e enquanto escapa do controle político. Igualmente fundamental para o capitalismo é a divisão ontológica — que já existia, mas se intensificou profundamente — entre seu plano de fundo "natural" (não humano) e sua camada visível "humana" (de aparência não natural). Por fim, a divisão entre exploração e expropriação, que combina a (dupla) liberdade da classe trabalhadora oficial do capitalismo com a sujeição denegada dos "outros" racializados é, da mesma forma, constitutiva. Falar do capitalismo como uma ordem social institucionalizada, baseada na premissa dessas separações, é sugerir sua imbricação estrutural e não acidental com a dominação de gênero, a degradação ecológica, a opressão racial-imperial e a dominação política — tudo em conjunto, é claro, com sua dinâmica estrutural e não acidental da exploração do trabalho (duplamente) livre em primeiro plano.

Lutas de fronteira

Não se trata, no entanto, de sugerir que as divisões institucionais do capitalismo sejam simplesmente dadas de maneira definitiva. Pelo contrário: como vimos, o lugar e a forma precisa como as sociedades capitalistas delimitam a fronteira entre produção e reprodução, economia e política, natureza humana e não humana, exploração e expropriação variam historicamente, de acordo com o regime de acumulação. Na verdade, podemos conceituar com precisão o capitalismo mercantil, o colonial liberal, o monopolista administrado pelo Estado e o neoliberal globalizante nestes termos: como quatro formas historicamente específicas de demarcar os diversos campos que compreendem o capitalismo.

Outro aspecto de igual importância é que a configuração precisa da ordem capitalista em qualquer lugar e tempo depende de contestação — do equilíbrio do poder social e do resultado das lutas políticas. Longe de ser apenas uma questão dada, as divisões institucionais do capitalismo geralmente se tornam focos de conflito quando atores se mobilizam para contestar ou defender as fronteiras estabelecidas que separam a economia da política, a produção da reprodução, a natureza humana da não humana e a exploração da expropriação. Na medida em que buscam reposicionar processos contestados no mapa institucional do sistema, os atores do capitalismo recorrem às perspectivas normativas associadas às diversas zonas que identificamos.

É possível ver isso acontecendo hoje. Por exemplo, há quem se oponha ao neoliberalismo recorrendo aos ideais de cuidado e responsabilidade, associados à reprodução, para confrontar os esforços de mercantilização da educação. Há quem convoque noções de manejo da natureza e justiça entre gerações, associadas à ecologia, para militar por uma mudança para energias renováveis. Há ainda quem evoque ideais de autonomia pública, associados à política, para defender controles internacionais do capital e estender a responsabilidade democrática para além do Estado. Também há quem cite normas de integração e autonomia comunitária, associadas à resistência à expropriação, para defender o abolicionismo penal e o corte do financiamento das polícias. Ao lado das alegações contrárias que inevitavelmente provocam, essas demandas são a própria essência da luta social nas sociedades capitalistas — e são tão fundamentais quanto as lutas de classe pelo controle da produção de mercadorias e da distribuição de mais-valor que Marx privilegiou. Essas *lutas de fronteira*, como vou denominá-las, moldaram de forma decisiva a estrutura das sociedades capitalistas[16] e desempenham um papel constitutivo na visão do capitalismo como ordem social institucionalizada.

---

[16] Fraser, Nancy. "A luta pelas necessidades: esboço de uma teoria crítica socialista-feminista da cultura política do capitalismo tardio" em *Cidadania e feminismo*. São Paulo: Melhoramentos, 1999.

O foco nas lutas de fronteira deve evitar qualquer interpretação equivocada que entenda a visão esboçada aqui como funcionalista, ou seja, concentrada em demonstrar como cada instância serve de esteio para o sistema. É verdade que comecei caracterizando a reprodução social, a ecologia, o poder político e a expropriação como condições de fundo necessárias para a história econômica da camada visível do capitalismo, destacando sua funcionalidade para a produção de mercadorias, a exploração do trabalho e a acumulação de capital. Entretanto, esse momento não capta toda a história das relações da camada visível e de plano de fundo do capitalismo, e sim coexiste com outro momento, a que já se aludiu, que é igualmente central e emerge da caracterização de zonas sociais, políticas, ecológicas e periferializadas/expropriáveis como reservatórios de normatividade "não econômica". Isso sugere que, mesmo que possibilitem a produção de mercadorias, essas ordens "não econômicas" não são redutíveis a essa função possibilitadora. Longe de serem esgotadas ou subservientes em sua totalidade às dinâmicas de acumulação, cada um desses terrenos ocultos esconde ontologias características de prática social e ideais normativos.

Além disso, esses ideais "não econômicos" estão repletos de possibilidade crítico-política. Sobretudo em tempos de crise, podem se voltar contra práticas econômicas centrais associadas à acumulação de capital. Nesses períodos, as divisões estruturais que normalmente servem para segregar as diversas normatividades dentro de suas próprias esferas institucionais tendem a se enfraquecer. Quando as separações não conseguem se manter, os atores do capitalismo — que vivem, afinal, em mais de uma esfera — vivenciam um conflito normativo. Longe de trazer ideias "de fora", recorrem à própria normatividade complexa do capitalismo para criticá-lo, mobilizando na contracorrente a multiplicidade de ideais que coexistem, por vezes de forma conflituosa, em uma ordem social institucionalizada, baseada na premissa de divisões da camada visível e de plano de fundo. Desse modo, a visão do capitalismo como uma ordem social institucionalizada nos ajuda a compreender como é possível elaborar uma crítica do capitalismo dentro dele.

Contudo, essa visão sugere, também, que seria errado romantizar a sociedade, a política, a natureza e a periferia como se estivessem "fora" do capitalismo e representassem uma oposição inerente ao sistema. Essa visão romântica está presente hoje entre um número considerável de pensadores e pensadoras anticapitalistas e ativistas de esquerda, incluindo feministas culturais, ecologistas profundos, neoanarquistas e decoloniais, e também por muitos proponentes de economias "plurais", "pós-crescimento", "de subsistência" e "social e solidária". Essas correntes muitas vezes tratam "cuidado", "natureza", "ação direta", produção *do* e *em* "comum" e "(neo)comunalismo" como aspectos intrinsecamente anticapitalistas. Como resultado, desconsideram o fato de que suas práticas favoritas não apenas são fonte de crítica, como também peças integrantes da ordem capitalista.

Em minha concepção, pelo contrário, sociedade, política, natureza e periferia expropriável surgiram em concomitância com a economia e se desenvolveram em simbiose com esta. Elas são efetivamente os "outros" da economia e somente adquirem seu caráter específico em contraste com ela. Assim, a reprodução e a produção formam um par em que cada termo é codefinido por meio do outro. Um não faz sentido separado do outro. O mesmo acontece entre política-economia, natureza-humano e centro-periferia. Elementos essenciais da ordem capitalista, nenhum desses campos "não econômicos" sustenta uma posição inteiramente externa que garantiria uma forma de crítica pura e radical em sua totalidade. Pelo contrário, os projetos políticos que apelam para o que se imagina estar "fora" do capitalismo geralmente acabam reciclando estereótipos capitalistas ao contrapor cuidado feminino e agressividade masculina, cooperação espontânea e cálculo econômico, organicismo holístico da natureza e especismo antropocêntrico, comunalismo de subsistência e individualismo ocidental. Ter essas oposições como premissa para as lutas não significa confrontar a ordem social institucionalizada da sociedade capitalista, mas sim involuntariamente refleti-la.

Disso decorre que uma análise adequada sobre as relações entre a camada visível e o plano de fundo do capitalismo deve reunir três ideias distintas. Primeiro, os campos "não econômicos" do capitalismo servem como condições de fundo possibilitadoras de sua economia; a própria existência desta depende dos valores e recursos daqueles. Em segundo lugar, no entanto, os campos "não econômicos" do capitalismo têm peso e caráter próprios que podem fornecer recursos para a luta anticapitalista em determinadas circunstâncias. Não obstante — e este é o terceiro ponto —, esses campos são elementos essenciais da sociedade capitalista, historicamente constituídos em conjunto com sua economia e marcados pela simbiose com ela.

Crises da canibalização

Há também uma quarta ideia, que nos leva de volta ao problema da crise com a qual iniciei minha argumentação. As relações entre a camada visível e o plano de fundo do capitalismo abrigam fontes intrínsecas de instabilidade social. Como vimos, a produção capitalista não é autossustentável, mas se beneficia da reprodução social, da natureza, do poder político e da expropriação. Ainda assim, orientada pela acumulação infinita, ameaça desestabilizar suas próprias condições de possibilidade. No caso das condições ecológicas, o que está em risco são os processos naturais que sustentam a vida e oferecem os recursos materiais para o provimento social. No caso das condições de reprodução social, estão em perigo os processos socioculturais que suprem as relações solidárias, as disposições afetivas e os horizontes de valor que amparam a cooperação social e, ao mesmo tempo, fornecem os seres humanos que, socializados e capacitados de maneira adequada, constituem a "mão de obra". No caso de suas condições políticas, comprometem-se os poderes públicos, nacionais e transnacionais, que garantem os direitos de propriedade, fazem valer contratos, julgam conflitos, reprimem rebeliões anticapitalistas e mantêm a oferta de dinheiro. No caso da dependência que o capital tem da riqueza expropriada, apresenta-se a ameaça ao universalismo autoproclamado do sistema — e, portanto, sua legitimidade — e à capacidade de suas classes dominantes de manter um domínio hegemônico por meio de uma combinação de consentimento e força. Em cada um desses casos, o sistema abriga uma tendência inerente de autodesestabilização. Ao não conseguir repor ou reparar seus terrenos ocultos, o capital devora de forma persistente os próprios apoios de que depende. Como uma serpente que come a própria cauda, canibaliza suas próprias condições de possibilidade.

Aqui estão, na linguagem de Marx, quatro "contradições do capitalismo" — ecológica, social, política e racial-imperial —, cada uma delas correspondente a um gênero da canibalização e incorporando uma "tendência de crise". No entanto, ao contrário das tendências de crise destacadas por Marx, essas não derivam de contradições internas à economia capitalista. Elas se baseiam, de outro modo, nas contradições entre o sistema econômico e suas condições de possibilidade de fundo — entre produção e reprodução, sociedade e natureza, economia e política, exploração e expropriação.[17] Seu efeito, como vimos, é incitar uma grande variedade de lutas sociais na sociedade capitalista: não apenas lutas de classes, definidas estritamente no ponto da produção, mas também lutas de fronteira relacionadas à ecologia, à reprodução social, ao poder político e à expropriação. Respostas às tendências de crise inerentes à sociedade capitalista, essas lutas são endêmicas em nossa visão ampliada que entende o capitalismo como uma ordem social institucionalizada.

Que tipo de crítica do capitalismo decorre da concepção do capitalismo como ordem social institucionalizada aqui esboçada? Conceber o capital como canibal sugere uma forma multilinear de reflexão crítica, semelhante àquela desenvolvida por Marx em *O capital*. Em minha interpretação, Marx entrelaça uma crítica sistêmica da tendência inerente do capitalismo à crise (econômica), uma crítica normativa de suas dinâmicas intrínsecas de dominação (de classe) e uma crítica política do potencial de transformação social emancipatória inerente a sua forma característica de luta (de classes). A visão que delineei convoca a um entrelaçamento análogo de componentes vitais, mas a trama aqui é mais complexa, pois cada elemento é múltiplo em sua composição interna. A crítica da crise sistêmica inclui não apenas as contradições econômicas discutidas por Marx, como também as quatro contradições entre campos discutidas aqui, as quais desestabilizam as condições de fundo necessárias para a acumulação do capital ao comprometer a reprodução social, a ecologia, o poder político e a expropriação permanente. Do mesmo modo, a crítica da

---

[17] Consulte O'Connor, James. "Capitalism, Nature, Socialism: A Theoretical Introduction". *Capitalism, Nature, Socialism 1*, nº 1, 1988, p. 1–22.

dominação compreende não apenas as formas de dominação de classe (centradas na produção) analisadas por Marx, como também aquelas de dominação de gênero, política, da natureza e racial-imperial. Por fim, a crítica política abarca uma multiplicidade de atores — classes, gêneros, grupos identificados por status, "raças", nações e povos — e vetores de luta: não apenas lutas de classes, mas também lutas de fronteira, pelas separações entre as zonas sociais, políticas, naturais e periferializadas expropriáveis e a "economia".

O que conta como luta anticapitalista é, portanto, muito mais amplo do que marxistas tradicionalmente supuseram. Assim que olhamos para o que está por trás da história de frente, todas as condições de fundo indispensáveis para a exploração do trabalho se tornam focos de conflito na sociedade capitalista — não só as lutas entre trabalho e capital no ponto da produção, mas também lutas de fronteira relacionadas à dominação de gênero, à ecologia, ao racismo, ao imperialismo e à democracia. Contudo, também é importante notar que essas lutas aparecem agora por outra ótica: como lutas no próprio capitalismo, em torno dele e (em alguns casos) contra o sistema. Se viessem a se compreender nesses termos, os e as participantes dessas lutas poderiam cooperar entre si ou se unir. Nesse caso, seu potencial emancipatório consistiria na capacidade de imaginar novas configurações, não "apenas" de economia, mas também da relação entre a economia e a sociedade, a natureza e a política. Reimaginar as divisões estruturais que historicamente constituíram as sociedades capitalistas representaria, assim, a maior tarefa dos atores sociais e teóricos críticos comprometidos com a emancipação no século XXI.

Essa agenda constitui o corpo e a alma deste livro. Nos capítulos a seguir, analiso em mais detalhe cada um dos quatro terrenos ocultos que delineei aqui. Integrando a análise estrutural com a reflexão histórica e a teoria política, exponho as formas de canibalização próprias de cada uma: as dinâmicas raciais-imperiais da divisão entre expropriação e exploração do capitalismo, que alimentam a fome do glutão por populações a quem pode castigar impunemente (capítulo 2); as dinâmicas com a marca da divisão de gênero no par reprodução-produção, que carimbam o sistema como um devorador de cuidados (capítulo 3); as dinâmicas ecopredatórias da antítese natureza/humanidade, que colocam nosso lar planetário na bocarra do capital (capítulo 4); e o ímpeto de deglutir o poder público e abater a democracia, incrustado na divisão característica do sistema entre economia e política (capítulo 5). Os dois capítulos finais exploram a diferença prática de se repensar o capitalismo como um canibal: como essa visão muda nossas compreensões sobre o socialismo (capítulo 6) e a pandemia de Covid-19 (Epílogo).

2 Goela abaixo: por que o capitalismo é estruturalmente racista

O capitalismo sempre teve entrelaçamentos profundos com a opressão racial. Essa proposição é evidente quando se fala do capitalismo escravista das *plantations*, entre os séculos XVII e XIX, mas também verdadeira no capitalismo industrializado do período das leis Jim Crow do século XX. Tampouco alguém poderia racionalmente duvidar que a opressão racial persiste no capitalismo da desindustrialização, do *subprime* e do encarceramento em massa da era atual. Apesar das diferenças inequívocas, não houve, uma forma do capitalismo que "de fato existiu" sem o componente racial. Em todas as suas encarnações até hoje, a sociedade capitalista sempre esteve entrelaçada com a opressão racial.

Qual é a natureza desse entrelaçamento? É contingente ou estrutural? Será que a conexão entre capitalismo e racismo surgiu por acaso e as coisas poderiam ter sido, em princípio, diferentes? O capitalismo já estaria preparado, desde o início, para dividir as populações por raça? Como isso se dá hoje? Estaria o racismo inculcado no capitalismo *contemporâneo* ou seria finalmente possível haver um capitalismo não racial hoje, no século XXI?

Essas questões não são, de modo algum, novas. Pelo contrário, elas constituem o cerne de uma corrente profunda, porém pouco reconhecida, da teoria crítica chamada marxismo negro. Essa tradição, que floresceu a partir dos anos 1930 e durante os anos 1980, inclui figuras de peso como

C. L. R. James, W. E. B. Du Bois, Eric Williams, Oliver Cromwell Cox, Stuart Hall, Walter Rodney, Angela Davis, Manning Marable, Barbara Fields, Robin D. G. Kelley e Cornel West.[1]

---

[1] A expressão "marxismo negro" surge com Cedric Robinson, que deu origem à noção de uma tradição marxiana específica do pensamento de libertação negra [*Black liberation thought*] — consulte Robinson, Cedric. *Black Marxism*. Chapel Hill: University of North Carolina Press, 1999). Em vez de se alinhar a essa tradição, Robinson assumiu uma posição crítica a ela. Obras de grandes expoentes do marxismo negro incluem: James, Cyril Lionel Robert. *Os jacobinos negros*. Trad. Afonso Teixeira Filho. São Paulo: Boitempo, 2010; Du Bois, William Edward Burghardt. *Black Reconstruction in America, 1860–1880*. Nova York: Harcourt, 1935; Williams, Eric. *Capitalismo e escravidão*. Trad. Carlos Nayfeld. Rio de Janeiro: Americana, 1975; Cox, Oliver Cromwell. "Caste, Class, and Race: A Study of Social Dynamics". *Monthly Review Press*, 1948; Hall, Stuart. "Raça, articulação e sociedades estruturadas com dominante". Trad. Pedro Eduardo Zini Davoglio. Grupo de Estudos Permanente de Direito, Estado e Racismo da Faculdade de Direito da Universidade Presbiteriana Mackenzie. Disponível em: https://www.academia.edu/10270110/HALL_S_RA%C3%A7a_articula%-C3%A7%C3%A3o_e_sociedades_estruturadas_com_dominante; Rodney, Walter. *Como a Europa subdesenvolveu a África*. Trad. Heci Regina Candiani. São Paulo: Boitempo, 2022; Davis, Angela. *Mulheres, raça e classe*. Trad. Heci Regina Candiani. São Paulo: Boitempo, 2016; Marable, Manning. *How Capitalism Underdeveloped Black America*. Brooklyn: South End Press, 1983; Fields, Barbara. "Escravidão, raça e ideologia nos Estados Unidos". Trad. Pedro Ribeiro. Disponível em: https://edisciplinas.usp.br/mod/resource/view.php?id=4066543; Kelley, Robin D. G. *Hammer and Hoe: Alabama Communists during the Great Depression*. Chapel Hill: University of North Carolina Press, 1990 e *Race Rebels: Culture, Politics, and the Black Working Class*. Nova York: Free Press,

Embora suas abordagens divergissem em questões específicas, cada um desses pensadores travou um enfrentamento profundo com a articulação entre capitalismo e racismo. Pelo menos ao longo da década de 1980, suas reflexões estiveram na vanguarda do que hoje muitas pessoas chamam de teoria crítica da raça.[2]

Mais tarde, no entanto, a questão do entrelaçamento entre capitalismo e raça saiu da agenda da teoria crítica. Com o declínio do radicalismo da Nova Esquerda e o colapso do comunismo que de fato existia, o capitalismo deixou de ser visto como assunto de questionamento sério em muitos espaços, enquanto o marxismo passou a ser cada vez mais rejeitado como *dépassé*. Como resultado, as questões de raça e racismo foram efetivamente transferidas a pensadores que atuavam nos paradigmas liberal e pós-estruturalista. Embora esses pensadores tenham feito contribuições admiráveis para a corrente hegemônica da teoria crítica da raça, não buscaram elucidar a relação entre capitalismo e opressão racial.

Hoje, contudo, uma nova geração de teóricos críticos de raça está reanimando essa problemática. Compreendendo

---

1996; e West, Cornel. "The Indispensability Yet Insufficiency of Marxist Theory" e "Race and Social Theory", ambos publicados no livro *The Cornel West Reader*. Nova York: Basic Civitas Books, 1999), p. 213–30 e p. 251–67.

[2] Originalmente essa expressão designava o estudo que buscava elucidar a relação entre lei e raça. Desde então foi sequestrada por atores de direita nos Estados Unidos, que a adotam para designar e deslegitimar qualquer investigação antirracista sistemática. Utilizo a expressão aqui e ao longo do livro não de forma depreciativa, mas positiva, para designar o amplo espectro de teorização antirracista e anti-imperialista que inclui a teoria da libertação negra [*Black liberation theory*], mas sem se limitar a ela.

pensadores como Michael Dawson, Ruth Wilson Gilmore, Cedric Johnson, Barbara Ransby e Keeanga-Yamahtta Taylor, essa geração está reexaminando a relação entre capitalismo e racismo de uma nova forma, à luz dos desdobramentos do século XXI.[3] As razões disso não são difíceis de discernir. Por um lado, a ascensão simultânea de uma nova geração de militantes antirracistas e, por outro, a ascensão de um populismo supremacista branco agressivo, etnonacionalista e alinhado à chamada direita alternativa [*alt-right*] aumentou de forma drástica a aposta na teoria crítica da raça. Nessas condições, muitas pessoas agora sentem necessidade de compreender melhor o que está sendo combatido. E muitas também entendem que o contexto mais amplo desses desdobramentos é o agravamento da crise da sociedade capitalista contemporânea — crise essa que ao mesmo tempo exacerba e expõe mais as formas características da opressão racial. Por fim, o termo "capitalismo" deixou de ser um tabu, e o marxismo vive um novo despertar. Nessa conjuntura, as questões centrais do marxismo

---

[3] Dawson, Michael C. *Blacks In and Out of the Left*. Cambridge: Harvard University Press, 2013; Gilmore, Ruth Wilson. *Golden Gulag: Prisons, Surplus, Crisis, and Opposition in Globalizing California*. Berkeley e Los Angeles: University of California Press, 2017; Johnson, Cedric. *Revolutionaries to Race Leaders: Black Power and the Making of African American Politics*. Mineápolis: University of Minnesota Press, 2007; Ransby, Barbara. *Making All Black Lives Matter: Reimagining Freedom in the Twenty: First Century*. Berkeley e Los Angeles: University of California Press, 2018; Taylor, Keeanga-Yamahtta. *#VidasNegrasImportam e libertação negra*. Trad. Thali Bento. São Paulo: Elefante, 2020; e Taylor, Keeanga-Yamhatta. *Race for Profit: How Banks and the Real Estate Industry Undermined Black Homeownership*. University of North Carolina Press, 2021.

negro tornaram o capitalismo canibal novamente urgente: seria o capitalismo *necessariamente* racista? É possível superar a opressão racial dentro da sociedade capitalista?

Buscarei avançar nessa problemática recorrendo, aqui, à visão ampliada de capitalismo desenvolvida no capítulo anterior. A abordagem que proponho embaralha as usuais oposições acentuadas entre estrutura e história, necessidade e acaso, que obscurecem a total complexidade da relação entre capitalismo e racismo. Ao contrário dos proponentes da contingência, que argumentam que o racismo não é necessário ao capitalismo, defendo que existe, sim, uma base estrutural para o entrelaçamento persistente do sistema com a opressão racial. Essa base reside, como vimos, na dependência que o sistema tem de dois processos analiticamente distintos, mas imbricados, na prática da acumulação de capital: a *exploração* e a *expropriação*. É a separação dessas duas "ex" e sua atribuição a duas populações diferentes que sustentam a opressão racial na sociedade capitalista.

Contrariamente aos proponentes da necessidade, que insistem na impossibilidade de um capitalismo não racial, argumentarei, no entanto, que a articulação entre exploração-expropriação do capitalismo não está gravada a ferro e fogo. Pelo contrário, ele se transforma historicamente ao longo do desenvolvimento capitalista, o qual pode ser visto como uma sequência de regimes qualitativamente diferentes de acumulação racializada. Em cada fase, uma configuração historicamente específica das duas "ex" sustenta um cenário distinto de racialização. Quando observamos a sequência até o presente, encontramos algo novo: uma forma de capitalismo que nubla a separação histórica entre exploração e expropriação. Ao deixar de atribuí-las a duas populações nitidamente demarcadas, essa forma parece estar dissolvendo a base estrutural da opressão racial que foi intrínseca à sociedade capitalista durante 400 anos. Ainda assim, argumento que a opressão racial persiste de formas que não são nem estritamente necessárias, nem meramente contingentes. Disso resulta um novo conjunto de desafios para a teoria marxista negra e o ativismo antirracista do século XXI.

Neste capítulo, desenvolvo esse argumento em três etapas. Na primeira, defendo a tese de que o capitalismo abriga uma base estrutural de opressão racial, dado que depende da expropriação como condição necessária para a exploração. Em seguida, historicizo essa estrutura, delineando as configurações mutáveis dessas duas "ex" nas principais fases da história do capitalismo. Por fim, considero as perspectivas de superação da opressão racial em uma nova forma de sociedade capitalista que ainda se baseia na exploração e na expropriação, mas não as atribui a duas populações nitidamente demarcadas. Ao longo da explanação, exponho a tendência inerente do sistema de racializar populações para melhor canibalizá-las — e, portanto, porque devemos entender o capitalismo como um glutão que quer empurrá-las goela abaixo.

Troca, exploração e expropriação

Seria o capitalismo *necessariamente* racista? Tudo depende do que se quer dizer exatamente com "capitalismo" e da perspectiva a partir da qual o concebemos. Vale explorar três dessas perspectivas. Uma primeira abordagem, ensinada nos cursos de economia, adotada nas empresas e consagrada no senso comum, vê o capitalismo pela lente das trocas mercadológicas. Uma segunda, conhecida por socialistas, sindicalistas e outras pessoas que protagonizam as lutas trabalhistas, localiza o ponto central do capitalismo em um nível mais profundo, na exploração do trabalho assalariado na produção de mercadorias.

Uma terceira perspectiva, desenvolvida por pessoas críticas ao imperialismo, expõe, por sua vez, a expropriação dos povos conquistados pelo capital. Aqui, sugiro que ao combinar a segunda e a terceira perspectiva acessamos o que fica faltando quando cada uma delas é estudada isoladamente: uma base estrutural na sociedade capitalista para a opressão racial.

Considere, a princípio, a perspectiva da troca. Nessa perspectiva, o capitalismo aparece como um sistema econômico e nada mais. Organizado para maximizar o crescimento e a eficiência, estaria centrado na instituição do mercado, onde negociadores independentes que agem em interesse próprio trocam equivalentes. Visto dessa forma, o capitalismo só poderia ser indiferente a cor. Sem sofrer interferência e autorizado a seguir sua própria lógica economizante, o sistema dissolveria as hierarquias raciais pré-existentes e evitaria a geração de novas. Do ponto de vista da troca, a conexão entre racismo e capitalismo seria apenas contingente.

Muita coisa poderia ser dita sobre essa visão, mas o importante para meus objetivos aqui é o seguinte: ela desconecta, de forma arbitrária e categórica, o capitalismo do racismo. Ao definir o capitalismo em termos estritos, como uma lógica inerentemente daltônica e utilitarista, a visão centrada na troca relega todos os impulsos racializantes a forças externas ao mercado, o que distorce sua operação. Assim, o culpado não seria o (que se entende por) capitalismo, mas a sociedade mais ampla que o cerca. O racismo viria da história, da política e da cultura, vistas como externas ao capitalismo e apenas conectadas a ele por contingências. Disso decorre a formalização do capitalismo a partir de sua redução a uma lógica economizante de meios e fins e da eliminação de seu conteúdo histórico e político. Essa visão obscurece o ponto crucial por mim elaborado no capítulo 1, central para minha argumentação aqui:

por questões estruturais, as economias capitalistas exigem pré-condições e insumos "não econômicos", incluindo alguns que geram opressão racial. Ao não levar essa dependência em conta, os mecanismos característicos de acumulação, dominação e canibalização do sistema são ofuscados.

Alguns desses mecanismos são expostos, em contrapartida, por nossa segunda perspectiva. De modo mais amplo, menos formal e muito menos otimista, essa visão vem originalmente de Karl Marx, que reconcebeu o capitalismo como um sistema de exploração. Como se sabe, o autor penetrou a perspectiva padrão das trocas mercadológicas e chegou ao nível mais fundamental da produção da mercadoria. Ali, argumentou ter descoberto o segredo da acumulação na exploração, pelo capital, de trabalhadores assalariados. Para Marx, como vimos no capítulo anterior, os trabalhadores do capitalismo não são servos nem escravos, mas indivíduos legalmente livres — livres, isto é, para entrar no mercado de trabalho e vender sua "força de trabalho". Na realidade, é evidente, esses indivíduos têm pouco poder de decisão. Privados de qualquer acesso direto aos meios de produção, podem apenas garantir meios de subsistência sendo contratados para trabalhar para um capitalista em troca de um salário — uma transação que também não resulta em benefício para eles. O que pela primeira perspectiva se coloca como uma troca de equivalentes é, na visão de Marx, uma artimanha. Recompensados apenas pelo custo médio socialmente necessário de sua própria reprodução, os trabalhadores do capitalismo não podem reivindicar o mais-valor gerado por seu trabalho e acumulado, em vez disso, para o capitalista. E é exatamente essa a questão. Para Marx, o ponto crucial do sistema é a exploração, vista como uma relação entre duas classes: de um lado, os capitalistas que detêm os meios de produção da sociedade e se apropriam de seu excedente; de outro, os produtores livres, desprovidos de propriedade, que devem vender sua força de trabalho gradativamente para poder viver. O capitalismo, na visão de Marx, não é mera economia, mas um sistema social de dominação de classe, centrado na exploração do trabalho livre pelo capital na produção de mercadorias.

A perspectiva de Marx tem muitas virtudes e ao menos uma delas é incontestável. Ao enxergar o capitalismo pela lente da exploração, visibiliza-se o que a perspectiva da troca ocultava: a base estrutural, na sociedade capitalista, da dominação classista de trabalhadores (duplamente) livres. Ainda assim, esse foco não revela nenhuma base estrutural comparável relacionada à opressão racial. Nesse aspecto, pelo menos, a perspectiva da exploração é desconfortavelmente próxima daquela referente à troca. Apesar de demonstrar que o capital é acumulado às custas do trabalho assalariado livre, elucida pouco — ou nada — a respeito de como a raça figura no sistema e por que desempenha tamanho papel na história do capitalismo. Ao não abordar essa questão, acaba passando a impressão de que o entrelaçamento do sistema com a opressão racial seria contingente.

Essa conclusão, no entanto, é precipitada. O problema é que ao se concentrar tanto no processo pelo qual o capital explora o trabalho assalariado, Marx não apresentou um exame sistemático de alguns processos igualmente fundamentais associados à exploração. Tenho em mente dois desses processos que, se investigados, podem revelar conexões profundas com a opressão racial. O primeiro é o papel crucial desempenhado pelo trabalho não assalariado, dependente e não livre na acumulação de capital — refiro-me aqui ao trabalho que é expropriado, em oposição ao explorado, sujeito à dominação não mediada por um contrato de trabalho assalariado. O segundo se refere ao papel das ordens políticas de conferir o status de cidadãos e indivíduos livres aos "trabalhadores" e, ao mesmo tempo, constituir as demais pessoas como seres menores — por exemplo, como escravos, servos por contrato, pessoas sujeitadas e colonizadas, membros "nativos" de "nações internas dependentes", escravos por dívidas, "ilegais" e criminosos.[4]

Essas duas questões — o trabalho dependente e a sujeição política — aparecem, entretanto, quando adotamos uma terceira perspectiva a respeito do capitalismo: o ponto de vista da expropriação. Desenvolvido por teóricos do imperialismo, essa forma de refletir sobre o capitalismo, como apontado no capítulo anterior, expande o enquadramento para além da "metrópole" para contemplar a conquista e pilhagem de povos na "periferia". Ao adotar uma perspectiva global, autores e autoras que desenvolvem essa perspectiva revelam um aspecto oculto atroz da modernidade capitalista: debaixo das gentilezas superficiais do consentimento e contrato jazem a violência bruta e o roubo escancarado. Com isso, lança-se nova luz so-

---

[4] Seria falso afirmar que Marx não considerou esses processos de nenhuma forma. Pelo contrário, em *O capital*, por exemplo, o autor escreveu sobre escravidão, colonialismo, a expulsão dos irlandeses e o "exército de reserva de mão de obra". Mas, com exceção deste último, essas discussões não foram objeto de elaboração sistemática. Também não produziram categorias que desempenham um papel estrutural essencial em sua concepção de capitalismo. Consulte Marx, Karl. *O capital. Crítica da economia política, Livro I: O processo de produção do capital*. Trad. Rubens Enderle. São Paulo: Boitempo, 2011. Em contrapartida, uma longa linhagem de pensadores posteriores buscou incorporar a análise da opressão racial ao marxismo. Veja as notas 16 e 17 anteriormente. Meu próprio esforço se constrói a partir do deles, ainda que também desenvolva um argumento conceitual distinto.

bre a troca e a exploração, que agora aparecem como a ponta de um iceberg maior e mais sinistro.

A perspectiva da expropriação é reveladora, sem dúvida. O que não está tão nítido, no entanto, é se a expansão imperial constitui estruturalmente o capitalismo e, se for esse o caso, como a expropriação de povos dependentes e subjugados se relaciona com a exploração de trabalhadores (duplamente) livres. Também não vemos uma elaboração sistemática do que essa "ex" — a expropriação — tem a ver com opressão racial, se é que tem algo.

Meu argumento é que a expropriação é de fato constitutiva da sociedade capitalista e de seu entrelaçamento com o racismo. Em suma, como explicarei, a sujeição daqueles e daquelas que o capital *expropria* é uma condição oculta que possibilita a liberdade das pessoas que o sistema *explora*. Sem uma elaboração sobre a primeira condição, não é possível compreender totalmente a segunda, nem entrever a base estrutural do entrelaçamento histórico do capitalismo com a opressão racial.

Para desdobrar esse argumento, adotarei a concepção ampliada de capitalismo introduzida no capítulo 1, que combina elementos das duas últimas perspectivas discutidas aqui. Ao penetrar sob o nível familiar da troca, combina-se o "terreno oculto" da *exploração* de Marx com o momento ainda mais ofuscado da *expropriação*. Ao teorizar a relação entre essas duas "ex", identificarei uma base estrutural do entrelaçamento persistente do capitalismo com a opressão racial.

Expropriação como acumulação: o argumento econômico

Permita-me começar ampliando minha definição de expropriação como elemento estruturante do capitalismo. Como vimos no capítulo anterior, a expropriação é a acumulação por outros meios — outros, isto é, que não a exploração. Dispensando a relação contratual pela qual o capital compra "força de trabalho" em troca de salários, a expropriação funciona *confiscando* capacidades humanas e recursos naturais e *convocando-os* para circuitos de expansão do capital. O confisco pode ser escancarado e violento, como na escravização no Novo Mundo, ou velado sob o manto do comércio, como nos empréstimos predatórios e nas execuções de dívidas da era atual. Os alvos da expropriação podem ser as comunidades rurais e indígenas na periferia do capitalismo ou membros dos grupos sujeitados ou subordinados no centro do capitalismo. Uma vez expropriados, com sorte esses grupos podem acabar como proletários explorados — do contrário, serão pobres, moradores de favelas, meeiros, "nativos" ou escravos sujeitos à expropriação permanente fora do contrato de trabalho assalariado. Os recursos confiscados podem ser trabalho, terra, animais, ferramentas ou depósitos minerais e energéticos, mas também podem ser seres humanos, suas capacidades sexuais e reprodutivas, seus filhos e os órgãos de seus corpos. O essencial, no entanto, é que as capacidades recrutadas sejam incorporadas ao processo de expansão de valor que define o capital. O simples roubo não é suficiente. Ao contrário do tipo de pilhagem que historicamente antecedeu o surgimento do capitalismo, o sentido de expropriação que tenho em mente aqui é de *confisco e convocação para a acumulação*.

A expropriação nesse sentido cobre uma multiplicidade de pecados, a maioria em forte correlação com a opressão racial. A conexão é nítida em práticas bastante associadas aos primórdios da história do capitalismo (embora continuem até hoje), como a conquista territorial, a anexação de terras, a escravização, o trabalho forçado, o rapto de crianças e o estupro sistemático. Mas a expropriação também assume formas mais "modernas", como o trabalho prisional, o tráfico sexual transnacional, a grilagem corporativa de terras e a execução de dívidas predatórias, também relacionadas à opressão racial e, como veremos, ao imperialismo contemporâneo.

A conexão não é, no entanto, apenas histórica e contingente. Pelo contrário, existem motivos estruturais para o capital continuar recorrendo à expropriação racializada. Por definição, um sistema dedicado à expansão ilimitada e à apropriação privada do valor excedente faz com que os proprietários do capital tenham um interesse profundo em confiscar o trabalho e os meios de produção das populações sujeitadas. A expropriação aumenta seus lucros ao reduzir os custos de produção de duas formas: por um lado, ao fornecer insumos baratos, como energia e matéria-prima; e, por outro, ao oferecer meios de subsistência de baixo custo, como alimentos e produtos têxteis, que permitem o pagamento de baixos salários. Assim, ao confiscar recursos e capacidades de sujeitos dependentes ou não livres, os capitalistas conseguem explorar de forma mais lucrativa os trabalhadores (duplamente) livres. Desse modo, as duas "ex" se entrelaçam. Por trás de Manchester está o Mississippi.[5]

---

[5] Essa formulação ecoa uma reflexão de Jason Moore, que aponta a dependência permanente, pelo capital, da expropriação do trabalho não remunerado (da natureza e das pessoas) como condição de possibilidade para uma produção lucrativa. O autor afirma: "As tecnologias que maximizam a produtividade avivam a acumulação em todo o sistema quando desencadeiam uma vasta apropriação da natureza não capitalizada. Para cada Amsterdã há uma bacia do Vístula. Para cada Manchester, um delta do Mississippi." Moore, Jason W. "The Capitalocene, Part II: Accumulation by Appropriation and the Centrality of Unpaid Work/Energy". *Journal of Peasant Studies 45*, 2018.

Vantajosa até em tempos "normais", a expropriação se torna ainda mais atrativa em períodos de crise econômica, quando serve como solução decisiva, mesmo que temporária, para restaurar a rentabilidade em declínio. O mesmo acontece em crises políticas, que podem por vezes ser neutralizadas ou evitadas com a transferência da riqueza confiscada de populações que parecem não ameaçar o capital para aquelas que ameaçam — outra distinção que muitas vezes apresenta correlação com "raça".[6]

Assim, de modo geral, a expropriação é tanto uma característica estrutural do capitalismo como uma condição denegada que possibilita a exploração. Longe de representar processos separados e paralelos, as duas "ex" são sistematicamente imbricadas, aspectos profundamente intricados de um único sistema-mundo capitalista. A divisão entre as duas se correlaciona de modo aproximado, mas inequívoco, com o que Du Bois chamou de "linha de cor". Dito tudo isso, a expropriação dos "outros" racializados constitui uma condição de fundo necessária para a exploração dos "trabalhadores".

Permita-me explicar essa ideia contrastando-a com a análise de Marx sobre acumulação "primitiva" ou "original",[7] da qual ela difere em dois aspectos. Primeiro, "acumulação primitiva" denota o processo sangrento pelo qual o capital se acumulou

---

[6] Como explico na próxima seção, essa tática de dividir para dominar mobiliza hierarquias de status racialmente codificadas, que operam a distinção entre cidadãos e indivíduos sujeitados, pessoas com nacionalidade e estrangeiros, indivíduos livres e escravos, "europeus" e "nativos", "brancos" e "negros", "trabalhadores" com direitos e "parasitas" dependentes.

[7] Marx, Karl. *O capital. Crítica da economia política, Livro 1: O processo de produção do capital*. Trad. Rubens Enderle. São Paulo: Boitempo, 2011.

nos primórdios do sistema.[8] A expropriação, em contraste, designa um processo confiscatório *continuado*, essencial para sustentar a acumulação em um sistema propenso a crises. Em segundo lugar, Marx introduz a acumulação primitiva para explicar a gênese histórica da divisão de classes entre os trabalhadores desprovidos de propriedade e os proprietários capitalistas dos meios de produção. A expropriação não só explica isso, como expõe outra divisão social, igualmente estrutural e relevante, mas não teorizada de modo sistemático por Marx: a divisão social entre trabalhadores (duplamente) livres (a quem o capital explora no trabalho assalariado) e os sujeitos dependentes ou não livres (a quem canibaliza por outros meios).

Essa segunda divisão é central para esta investigação. Minha tese é de que as dinâmicas racializantes da sociedade capitalista estão cristalizadas no "marco" estrutural que distingue *os alvos livres da exploração* dos *alvos dependentes da expropriação*. Mas defender esse argumento exige uma mudança do foco "econômico" para o "político", uma vez que apenas ao tematizar as *ordens políticas* da sociedade capitalista será possível compreender a constituição dessa distinção e, com ela, a invenção de "raça".

Expropriação como sujeição: o argumento político

A distinção entre expropriação e exploração é, ao mesmo tempo, econômica e política. Vistos pelo ponto de vista econômi-

---

[8] Para outra análise que amplia o conceito de acumulação primitiva para além de seu estoque inicial, consulte Blackburn, Robin. "Extended Primitive Accumulation" em *The Making of New World Slavery: From the Baroque to the Modern, 1492–1800*. Londres e Nova York: Verso, 2010.

co, esses termos dão nome a mecanismos de acumulação de capital, formas analiticamente distintas, porém entrelaçadas, da expansão do valor. Vistos pela perspectiva política, os termos referem os modos de dominação — sobretudo com hierarquias de status que distinguem cidadãos e indivíduos detentores de direitos de povos sujeitados, escravos sem liberdade e membros dependentes de grupos subordinados. Na sociedade capitalista, como insistiu Marx, os trabalhadores explorados têm o status legal de indivíduos livres, autorizados a vender sua força de trabalho em troca de salários. Uma vez separados dos meios de produção e proletarizados, ficam protegidos, ao menos em teoria, de (mais) expropriação. Nesses termos, seu status se difere de maneira aguda daquele de quem *ainda* tem seu trabalho, sua propriedade e/ou pessoas sujeitas ao confisco por parte do capital. Longe de desfrutar de proteção política, estas populações ficam indefesas, alvos de expropriação reiterada. Desse modo, são constituídas como se fossem inerentemente violáveis. Destituídas dos meios para impor limites ao que outros podem fazer com elas, sua condição é de exposição às formas mais penosas da canibalização.

Dessa maneira, a distinção entre expropriação e exploração é, em geral, não apenas uma função da acumulação, como também da dominação. São as agências *políticas* — acima de tudo, os Estados — que oferecem ou negam proteção na sociedade capitalista. E são também os Estados, em grande medida, que codificam e impõem as hierarquias de status com distinções entre cidadãos e indivíduos sujeitados, pessoas com nacionalidade e estrangeiros, trabalhadores com direitos e parasitas dependentes. Ao construir alvos exploráveis e expropriáveis e, ao mesmo tempo, distingui-los entre si, as práticas estatais de subjetivação oferecem uma precondição indispensável para o capital "se" expandir.[9]

Os Estados não agem sozinhos nesse sentido, entretanto: há também arranjos geopolíticos envolvidos. O que permite a subjetivação política no nível nacional é um sistema internacional que "reconhece" os Estados e autoriza o controle de fronteiras que distingue residentes legítimos de "estrangeiros ilegais". Basta pensar nos conflitos atuais em torno de pessoas migrantes e refugiadas para ver a facilidade com que essas hierarquias de status político autorizadas geopoliticamente se codificam em termos raciais.

O mesmo acontece com outro conjunto de hierarquias de status, enraizado na geografia imperialista do capitalismo, que divide o mundo em "centro" e "periferia". Historicamente, o

---

[9] A dependência que a acumulação tem da subjetivação é um caso especial de um fenômeno mais amplo. Também em outros aspectos a existência do "subsistema econômico" do capitalismo depende de condições externas, incluindo algumas que só podem ser asseguradas por poderes políticos. Sem dúvida, a acumulação requer um arcabouço jurídico para garantir direitos de propriedade, fazer cumprir contratos e julgar conflitos. Há igual necessidade de forças repressivas que coíbem rebeliões, mantêm a ordem e administram a divergência. Além disso, iniciativas políticas voltadas para a gestão de crises se mostraram indispensáveis em diversos momentos da história do capitalismo, assim como o provimento público de infraestrutura, bem-estar social e, naturalmente, dinheiro. Discuto essas funções políticas indispensáveis no capítulo 5 deste livro e em "Crise de legitimação? Sobre as contradições políticas do capitalismo financeirizado", em *Cadernos de Filosofia Alemã: Crítica e Modernidade, 23(2)*, p. 153–188. Aqui, em contrapartida, concentro-me na função igualmente necessária da subjetivação política.

centro parecia ser o seio emblemático da exploração, enquanto a periferia era escalada como lugar paradigmático da expropriação. Desde o início, essa divisão foi explicitamente racializada, assim como as hierarquias de status associadas a ela: cidadãos metropolitanos *versus* povos sujeitados nas colônias, indivíduos livres *versus* escravos, "europeus" *versus* "nativos", "brancos" *versus* "negros". Essas hierarquias também servem para distinguir populações e regiões apropriadas à exploração daquelas destinadas, por sua vez, à expropriação.

Para entender como isso acontece, observemos a subjetivação política mais de perto — sobretudo nos processos que separam os cidadãos-trabalhadores (duplamente) livres e exploráveis dos sujeitos dependentes e expropriáveis. Os dois status são constituídos politicamente, mas de formas diferentes. No centro capitalista, artesãos, agricultores e arrendatários espoliados se tornaram trabalhadores-cidadãos exploráveis em processos históricos de conciliação de classes, canalizando suas lutas por emancipação para caminhos convergentes com os interesses do capital e dentro dos marcos legais liberais dos Estados nacionais. Em contrapartida, aqueles que se tornaram sujeitos continuamente expropriáveis, seja na periferia ou no centro, não encontraram esse meio-termo, uma vez que seus levantes foram sufocados com mais frequência pelo poder armado. Se a dominação dos primeiros foi envolvida no manto do consentimento e da legalidade, a dos segundos se apoiou de modo descarado na repressão nua e crua.

Além disso, muitas vezes os dois status foram constituídos mutuamente, de modo que um efetivamente codefinia o outro. Nos Estados Unidos, o status do trabalhador-cidadão adquiriu muito da aura de liberdade que legitima a exploração em contraste com a condição dependente e degradada de povos escravizados e indígenas, cujas pessoas e terras podiam ser contínua e impunemente confiscadas.[10] Ao codificar o status sujeitado dos segundos, o Estado estadunidense ao mesmo tempo construiu o status normativo dos primeiros.

Como apontado acima, a invenção política de sujeitos dependentes dentro do capitalismo sempre ultrapassou, no entanto, as fronteiras dos Estados. Por razões sistêmicas enraizadas nas lógicas entrelaçadas de rivalidade geopolítica e expansionismo econômico, Estados poderosos se mobilizaram para constituir sujeitos expropriáveis ainda mais longe, em zonas periféricas do sistema-mundo capitalista. Saqueando os rincões mais distantes do planeta, as potências coloniais europeias, e depois o Estado imperialista estadunidense, transformaram bilhões de pessoas nesses alvos podados de proteção política, prontos e disponíveis para o confisco. O número de sujeitos expropriáveis que esses Estados criaram excede e muito o número de trabalhadores-cidadãos que foram "emancipados" para a exploração. E esse processo não se encerrou com a libertação dos povos sujeitados do domínio colonial. Pelo contrário, massas de novos sujeitos expropriáveis são criadas todos os dias, até mesmo hoje, pelas operações articuladas entre Estados pós-coloniais, seus antigos senhores coloniais e as potências transestatais que lubrificam o maquinário da acumulação, incluindo as instituições financeiras globais que promovem a despossessão por dívida.

O fio da meada comum aqui é, mais uma vez, a exposição política: a incapacidade de estabelecer limites e invocar proteções. A exposição é, de fato, o sentido mais profundo da expropriabilidade, aquilo que a separa da explorabilidade. E é a expropriabilidade, a condição de estar indefeso e sujeito à vio-

---

[10] Shklar, Judith. *American Citizenship: The Quest for Inclusion*. Cambridge: Harvard University Press, 1998.

lação, o que constitui o cerne da opressão racial. Assim, o que distingue os alvos livres da exploração dos alvos dependentes da expropriação é a marca de "raça" como sinal de violabilidade.

Meu argumento, nesse sentido, é de que o capitalismo abriga uma base estrutural para a opressão racial. Essa base é sobrepujada quando vemos o sistema de maneira muito estrita, seja do ponto de vista das trocas mercadológicas, seja pela exploração do trabalho assalariado livre. O culpado aparece, no entanto, quando adotamos um enquadramento mais amplo para incluir o "ex" de expropriação, compreendida como uma condição necessária para a exploração, embora distinta e entrelaçada com ela. Ao adotar uma perspectiva alargada de capitalismo que abrange tanto a "política" quanto a "econômica", acessamos a dependência não contingente que o sistema tem de um estrato de pessoas subjugadas ou não livres, racialmente marcadas como inerentemente violáveis. Está aí, na separação constitutiva do capitalismo entre exploração e expropriação, a base estrutural para seu persistente entrelaçamento com a opressão racial.

Regimes históricos de acumulação racializada

Não obstante, a estrutura que descrevi é suscetível a variação. Longe de ter sido dada de maneira imutável nos primórdios do capitalismo, ela passou por diversas transformações substanciais ao longo do desenvolvimento capitalista. Em algumas fases, exploração e expropriação estiveram separadas de forma nítida, estando a exploração concentrada no centro europeu, reservada para a "aristocracia operária" (branca e masculina), e a expropriação localizada sobretudo na periferia, imposta a pessoas não brancas. Em outras fases, em contrapartida, os limiares entre as duas se diluíram. De tempos em tempos, essas mudanças deram nova forma às dinâmicas de opressão racial na sociedade capitalista, que não pode ser compreendida abstraindo-se delas. Com efeito, a relação entre capitalismo e racismo não é apenas estrutural, como também histórica.

Para explicar essa dupla condição, esbocei uma análise da história do capitalismo como uma sequência de regimes de acumulação racializada. Aqui, na segunda etapa do meu argumento, destaco as relações historicamente específicas entre expropriação e exploração dentro de cada fase principal do desenvolvimento capitalista. Para cada regime, especifico os aspectos geográficos e demográficos das duas "ex": até que medida estão separadas uma da outra, localizadas em regiões diferentes e atribuídas a populações distintas. Para cada regime, aponto também o peso relativo das duas "ex" e as formas distintivas com que se inter-relacionam. Por fim, identifico as formas de subjetivação política que caracterizam cada fase.

Começo com o capitalismo comercial ou mercantil entre o século XVI e o XVIII. Trata-se da era que Marx tinha em mente quando cunhou o termo "acumulação primitiva". Com essa expressão, o autor sinalizava que a principal força motriz da acumulação nessa fase do capitalismo não era a exploração, mas a expropriação. O mote era o confisco, expresso tanto nos cercamentos de terras no centro quanto na conquista, pilhagem e "caça comercial de peles negras" em toda a periferia,[11] — ambos precedentes a ascensão da indústria moderna. Antes da exploração em larga escala de operários nas fábricas, já havia a expropriação em massa de corpos, trabalho, terra e riqueza mineral na Europa e, sobretudo, na África e no "Novo

---

[11] Marx, Karl. *O capital. Crítica da economia política, Livro* I: *O processo de produção do capital*. Trad. Rubens Enderle. São Paulo: Boitempo, 2011.

Mundo". A expropriação literalmente ofuscou a exploração no capitalismo comercial e isso teve implicações imensas para a hierarquia de status.

Decerto, esse regime gerou precursores das subjetivações racializantes que se tornaram consequências em fases posteriores: "europeus" *versus* "nativos", indivíduos livres *versus* escravos, "brancos" *versus* "negros". Mas essas distinções eram bem menos nítidas em uma era em que praticamente todas as pessoas desprovidas de propriedade tinham o status de sujeitado e não de cidadãos de direitos. Naquele período, praticamente *todas as pessoas* careciam de proteção política contra a expropriação e a condição da maioria não era de liberdade, mas de dependência. Como resultado, este status não carregava o estigma especial que adquiriu em fases subsequentes do capitalismo, quando os homens trabalhadores da maioria étnica no centro conquistaram direitos liberais por meio da luta política. Foi apenas mais tarde, com a democratização dos Estados metropolitanos e a ascensão da exploração fabril do trabalho assalariado duplamente livre em larga escala, que o contraste entre "raças livres e sujeitadas" se aprofundou, levando ao desenvolvimento pleno da ordem do status supremacista branco que associamos ao capitalismo moderno.[12]

Foi exatamente isso que aconteceu quando o capitalismo mercantil deu lugar, no século XIX, ao capitalismo colonial liberal. Nesse novo regime, as duas "ex" se tornaram mais equilibra-

---

[12] Fraser, Nancy e Gordon, Linda. "A Genealogy of 'Dependency': Tracing a Keyword of the US Welfare State". *Signs: Journal of Women in Culture and Society 19*, n° 2, Inverno de 1994, p. 309–336. Reimpresso em Fraser, Nancy. *Fortunes of Feminism: From State-Managed Capitalism to Neoliberal Crisis*. Londres e Nova York: Verso, 2013.

das e interconectadas. Decerto, o confisco de terra e trabalho continuava acelerado, com a consolidação do domínio colonial ultramarino dos Estados europeus, enquanto os Estados Unidos expropriavam as populações originárias no próprio país e perpetuavam a "colônia interna" primeiro pelo prolongamento da escravidão racializada e, após a abolição, pela transformação de homens livres em escravos endividados através do sistema de meação de terras agrícolas. Agora, no entanto, a expropriação continuada na periferia se entrelaçou com a lucrativíssima exploração no centro. A novidade foi a ascensão da produção fabril em larga escala, que forjou o proletariado imaginado por Marx, subvertendo formas de vida tradicionais e desencadeando uma luta de classes generalizada. Em algum momento, as lutas pela democratização dos Estados metropolitanos entregaram aos trabalhadores explorados uma versão de cidadão enquadrada no sistema. Ao mesmo tempo, contudo, a repressão brutal das lutas anticoloniais garantiu a continuidade da subjugação na periferia. Assim, o contraste entre dependência e liberdade se aprofundou e se tornou cada vez mais racializado, representado em duas "raças" de seres humanos categoricamente diferentes. Desse modo, o trabalhador-cidadão "branco", explorável, surgiu como o outro lado da própria condição abjeta que o possibilita: o sujeito expropriável racializado e dependente. O racismo moderno encontrou uma âncora resistente na estrutura profunda da sociedade capitalista.

A racialização se fortaleceu ainda mais com a aparente separação entre expropriação e exploração no regime colonial liberal. Nessa fase, as duas "ex" pareciam estar situadas em regiões distintas e atribuídas a populações diferentes — uma escravizada ou colonizada, outra (duplamente) livre. No entanto, na realidade, a divisão nunca foi tão delimitada assim, pois algumas indústrias extrativas empregavam pessoas sujeitadas no trabalho assalariado nas colônias, e somente uma minoria de trabalhadores explorados no centro capitalista conseguiu escapar totalmente da expropriação contínua. Além disso, apesar da aparente separação, as duas "ex" tinham um imbricamento sistêmico: era a expropriação de populações na periferia — incluindo a periferia dentro do centro — que fornecia os alimentos, produtos têxteis, minérios e energia baratos sem os quais a exploração dos trabalhadores industriais na metrópole não seriam lucrativos. No período colonial liberal, portanto, as duas "ex" eram motores de acumulação distintos, mas mutuamente calibrados dentro de um único sistema-mundo capitalista.

Na era seguinte, a articulação entre expropriação e exploração se transformou mais uma vez. Iniciado no período entre guerras e consolidado após a Segunda Guerra Mundial, o novo regime do capitalismo administrado pelo Estado abrandou a separação entre as duas sem aboli-la. Nessa era, a expropriação deixou de excluir a exploração e passou a se combinar diretamente com ela nos mercados de trabalho segmentados do centro capitalista. Em tais contextos, o capital exigiu um ágio confiscatório dos trabalhadores racializados, pagando a eles menos do que pagava aos "brancos" e abaixo dos custos socialmente necessários para sua reprodução. Aqui, portanto, a expropriação se articulou diretamente com a exploração, entrando na constituição interna do trabalho assalariado na forma de faixas salariais dualizadas.

Uma prova disso é o caso da população afro-americana. Após serem expulsas pela mecanização agrícola e terem de migrar em massa para as cidades do norte dos Estados Unidos, muitas pessoas se uniram ao proletariado das fábricas, mas sobretudo como trabalhadoras de segunda categoria, relegadas às atividades mais sujas e subalternas. Nessa era, a exploração foi revestida de expropriação, sem que o capital pagasse por todos os custos de sua reprodução. O esteio desse arranjo foi a subjugação política contínua pelas leis Jim Crow. Durante toda a era do capitalismo administrado pelo Estado, a população negra dos Estados Unidos foi privada de proteção política e teve sua cidadania plena continuamente negada pela segregação, a privação de direitos e inúmeras outras humilhações institucionalizadas. Mesmo quando empregadas nas fábricas do norte ou nos estaleiros do oeste do país, essas pessoas ainda se constituíam como mais ou menos expropriável, não como sujeitos de direitos plenamente livres. Eram, desse modo, expropriadas e exploradas ao mesmo tempo.[13]

---

[13] Estou sugerindo que a situação do trabalho racializado no capitalismo administrado pelo Estado combinava elementos de expropriação com outros de exploração. Por um lado, os trabalhadores e trabalhadoras não brancos no centro estadunidense recebiam salários, mas com valores abaixo dos custos médios socialmente necessários para sua reprodução. Por outro, tinham o status formal de pessoas livres e cidadãos dos Estados Unidos, mas não podiam acionar os poderes públicos para defender seus direitos — pelo contrário, quem deveria protegê-los da violência eram, em geral, aqueles que a cometiam. Assim, o status dessa população amalgamava aspectos tanto políticos quanto econômicos das duas "ex". É melhor compreendido desta forma, como amálgama ou híbrido de exploração e expropriação, do que pelo conceito mais conhecido de "superexploração". Embora seja sem dúvida sugestivo, esse termo tem um foco exclusivo na economia da desigualdade salarial em termos de raça, ignorando o aspecto diferencial do status. Minha abordagem, em contrapartida, busca expor o entrelaçamento entre predação econômica e subjugação política. Para uma discussão sobre superexploração, consulte, por exemplo, Marini, Ruy Mauro. *"Dialética da dependência" e outros escritos*. São Paulo: Expressão Popular, 2005.

Mesmo turvando o limiar entre as duas "ex", o regime do capitalismo de Estado acentuou o diferencial de status associado a elas. Os Estados de bem-estar social recém-criados no centro capitalista conferiram mais valor simbólico e material ao status de trabalhador-cidadão ao ampliar proteções e benefícios para aqueles que podiam reivindicá-lo. Instituindo direitos trabalhistas, negociações corporativistas e seguridade social, não apenas estabilizaram a acumulação para benefício do capital, como também incorporaram politicamente esses "trabalhadores" que eram "apenas" explorados. O efeito disso, no entanto, foi intensificar a comparação discriminatória com aqueles excluídos dessa designação, aumentando a estigmatização dos "outros" racializados. Visivelmente anômala e sentida como injusta, a vulnerabilidade permanente desses sujeitos à violação se tornou alvo de protestos militantes prolongados na década de 1960, quando ativistas que defendiam os direitos civis e o Poder Negro [*Black Power*] foram às ruas.

Enquanto isso, na periferia além-mar, as lutas pela descolonização eclodiram levando ao surgimento de uma amálgama diferente das duas "ex" em seu devido tempo. A independência prometia aumentar o status dos antigos colonizados, de dependentes e sujeitados a cidadãos de direitos. Na ocasião, alguns estratos da classe trabalhadora conseguiram de fato alcançar essa elevação, mas de modo precário e em termos inferiores. Em uma economia global baseada na premissa da troca desigual, a exploração deles também era atravessada pela expropriação, onde regimes comerciais que pendiam contra eles desviavam valores para o centro, a despeito da queda do domínio colonial. Além disso, os avanços limitados desfrutados por alguns foram negados à imensa maioria, que continuou do lado da lógica salarial e sujeita ao confisco escancarado. Agora, no entanto, os expropriadores já não eram apenas governos estrangeiros e empresas transnacionais, mas também os Estados pós-coloniais. Centradas em grande medida na industrialização para substituir as importações, as estratégias de desenvolvimento desses Estados muitas vezes exigiam a expropriação de "suas próprias" populações originárias. E nem mesmo aqueles Estados desenvolvimentistas que dedicaram esforços sérios à melhoria da condição de camponeses e trabalhadores foram plenamente bem-sucedidos. A combinação de recursos estatais pauperizados, regimes neoimperiais de investimento e comércio e a contínua expropriação de terras garantiu a manutenção de uma linha indistinta entre as duas "ex" nas pós-colônias.

No capitalismo administrado pelo Estado, portanto, a exploração deixou de parecer tão separada da expropriação. Em vez disso, as duas se articularam internamente: por um lado, no trabalho industrial racializado e, por outro, na cidadania pós-colonial contemporizada. Não obstante, a distinção entre as duas não desapareceu, pois variantes "puras" de cada uma persistiram no centro e na periferia. Um número significativo de populações — quase sempre não brancas — continuou a ser expropriado, pura e simplesmente. Outras foram "apenas" exploradas — propensamente europeias e "brancas". A novidade, contudo, foi a emergência de casos híbridos, em que algumas pessoas foram submetidas ao mesmo tempo à expropriação e à exploração. Essas pessoas continuaram sendo minoria no capitalismo administrado pelo Estado, mas já anunciavam o mundo que viria.

Quando nos voltamos ao atual regime, vemos uma imensa expansão do híbrido expropriação-exploração. Esta fase, que chamarei de capitalismo financeirizado, baseia-se em um novo e característico vínculo. Por um lado, houve uma transformação drástica na geografia e demografia das duas "ex". Grande parte da exploração industrial em larga escala ocorre hoje fora do centro histórico, nos chamados BRICS,[14] que no passado formavam a semiperiferia. Ao mesmo tempo, a expropriação está crescendo — tanto que, na verdade, ameaça mais uma vez superar a exploração como fonte de lucro. Esses desdobramentos estão intimamente conectados. Conforme a indústria migra e o setor financeiro entra em metástase, a expropriação se universaliza, afligindo não apenas os sujeitos tradicionais, mas também aqueles que antes estavam protegidos pelo status de cidadãos-trabalhadores e indivíduos livres.

O endividamento é o maior culpado aqui, pois as instituições financeiras globais pressionam os Estados a tramarem com investidores na canibalização da riqueza de populações indefesas. Com efeito, é em grande parte por meio do endividamento que camponeses e camponesas são espoliados e a apropriação de terras por corporações se intensifica na periferia do capitalismo. Entretanto, essas populações não são as únicas vítimas. Praticamente *todas* as pessoas desprovidas de propriedade no contexto pós-colonial são expropriadas por meio da dívida pública, pois os Estados pós-coloniais, em dívida com credores internacionais e espremidos pelo "ajuste estrutural", são obrigados a abandonar o desenvolvimentismo em favor de políticas liberalizantes que transferem a riqueza para o capital corporativo e o sistema financeiro global. Além disso, longe de reduzir o endividamento, essa reestruturação só o agrava ao elevar a relação entre o serviço da dívida e o produto nacional bruto a níveis estratosféricos e ao condenar inúmeras gerações à expropriação — algumas muito antes de nascerem e sem importar se elas também estarão sujeitas à exploração.

---

[14] BRICS é uma sigla que se refere os seguintes países: Brasil, Rússia, Índia, China e África do Sul.

Além disso, é cada vez mais pela expropriação que a acumulação avança no centro histórico. Conforme o trabalho precarizado e mal pago no setor de serviços substitui o trabalho industrial sindicalizado, os salários caem e ficam abaixo dos custos socialmente necessários para a reprodução. Os trabalhadores que eram "apenas" explorados agora também passam a ser expropriados. Essa dupla condição, antes reservada às minorias, mas cada vez mais generalizada, é agravada pelo ataque contra o Estado de bem-estar social. Os serviços públicos sociais sofrem um declínio quando as receitas tributárias antes dedicadas à infraestrutura pública e aos direitos sociais são realocados para pagar o serviço da dívida e "reduzir déficits" na esperança de aplacar "os mercados". Enquanto os salários reais despencam, os serviços que antes eram públicos, como a oferta de creches, são empurrados para as famílias e comunidades — ou seja, sobretudo para as mulheres, que, nesse ínterim, têm empregos assalariados precários e, portanto, são exploradas e expropriadas por todos os lados. Além disso, assim como na periferia, uma guerra fiscal derruba a tributação de empresas no centro, exaurindo ainda mais os cofres públicos e aparentemente justificando mais medidas de "austeridade" — na verdade, completando o círculo vicioso. Outros brindes concedidos às empresas evisceram os direitos trabalhistas conquistados a duras penas, armando a violação de trabalhadores que antes estavam protegidos. Mesmo assim, espera-se que eles, assim como outros, comprem produtos baratos produzidos em outros lugares. Nessas condições, os gastos contínuos dos consumidores exigem a expansão de seu endividamento, o que engorda os investidores e, ao mesmo tempo, canibaliza cidadãos-trabalhadores de todas as cores, mas sobretudo mutuários racializados, que são levados a assumir empréstimos consignados e de alto risco hiperexpropriativos. Portanto, em todos os níveis e em todas as regiões, o endividamento é o motor que impulsiona novas grandes ondas de expropriação no capitalismo financeirizado.

Desse modo, encontramos no atual regime um novo entrelaçamento entre exploração e expropriação, e uma nova lógica de subjetivação política. No lugar da antiga separação nítida entre as pessoas sujeitadas e dependentes expropriáveis e os trabalhadores livres exploráveis, aparece um continuum. De um lado está a massa crescente de pessoas sujeitadas e expropriáveis indefesas; do outro, um número cada vez menor de cidadãos-trabalhadores, sujeitos "apenas" à exploração. No centro disso está uma nova figura, antes livre, mas profundamente vulnerável: o *cidadão-trabalhador explorado e expropriado*. Não mais restrito às populações periféricas e minorias raciais, essa nova figura está se tornando a regra.

Não obstante, o continuum entre expropriação e exploração permanece racializado. As pessoas não brancas ainda representam uma parcela desproporcional na ponta expropriativa do espectro, como observamos nos Estados Unidos. As populações negras, indígenas, latinas e asiáticas do país — a quem durante muito tempo foi negado crédito, mantendo-as confinadas em condições inferiores e segregadas de moradia, bem como recebendo remuneração insuficiente para conseguir constituir poupança — foram alvo sistemático de fornecedores de empréstimos de segunda linha [*subprime loans*] e, consequentemente, sofreram com os maiores índices de execuções de dívidas imobiliárias no país. Do mesmo modo, cidades e bairros onde residem minorias que passaram anos privadas de recursos públicos sofrem os maiores impactos do encerramento de atividades que geram empregos, afetando não só o mercado de trabalho, mas também a receita tributária e, portanto, o financiamento de escolas, hospitais e manutenção de infraestrutura básica — algo que, no limite, levou a desastres em lugares nos Estados Unidos como Flint, no estado de Michigan, e o bairro de Lower Ninth Ward, em Nova Orleans. Por fim, os homens negros, historicamente sujeitos a discriminação na aplicação de sentenças e penas mais duras de prisão, trabalhos forçados e violência tolerada socialmente (inclusive pelas mãos da política), são levados massivamente ao que teóricos críticos raciais chamaram de complexo industrial-prisional ao serem enjaulados em instituições carcerárias lotadas pela "guerra contra as drogas", que mira na posse de pequenas quantidades de crack, e pelas taxas desproporcionais de desemprego. Apesar da mudança na articulação "ex-ex", o racismo está vivo e passa bem no capitalismo financeirizado, que é um verdadeiro glutão enfiando castigos goela abaixo.

O capitalismo ainda é necessariamente racista?

O que vem a seguir para a teoria e a prática do antirracismo? Será que o atual enfraquecimento da divisão "ex/ex" significa que a estrutura que sustentou 400 anos de opressão racial capitalista estaria finalmente se dissolvendo? Será que o capitalismo já *não é mais* necessariamente racista? E, sendo esse o caso, o poder do racismo de dividir populações estaria se dissolvendo também?

A análise apresentada aqui sugere a decadência — se não total ruína — do que serviu historicamente como base estrutural do racismo na sociedade capitalista. De suas origens até o presente, o capitalismo sempre exigiu tanto a expropriação quanto a exploração. No passado, no entanto, também exigia a separação mútua entre as duas e a atribuição de cada uma a populações distintas, divididas pela linha de cor. Hoje, em contrapartida, essa segunda exigência não se sustenta mais.

Pelo contrário, o regime atual convoca quase todas as pessoas adultas desprovidas de propriedade para o trabalho assalariado, mas paga à maioria esmagadora valores abaixo dos custos socialmente necessários para sua reprodução. Ao reduzir os "serviços públicos sociais" desmantelando o provimento público, envolve a maior parte da população desprovida de propriedade nos tentáculos do endividamento. Ao universalizar a precariedade, o capitalismo financeirizado explora e expropria quase todo mundo ao mesmo tempo.

Não obstante, a opressão racial se mantém viva nesta fase do capitalismo. As populações não brancas continuam sendo racializadas e sofrem com uma probabilidade muito maior que outras de enfrentar pobreza, desemprego, falta de moradia, fome e doenças. Também são mais vitimizadas pela criminalidade e por empréstimos predatórios, pelo encarceramento e por penas capitais; sofrem mais assédio e morrem mais nas mãos da polícia; são mais usadas como bucha de canhão, escravizadas sexualmente e transformadas em refugiadas ou "efeitos colaterais" em guerras sem fim; são também mais espoliadas e obrigadas a fugir da violência, da pobreza e de desastres provocados por mudanças climáticas, para serem depois confinadas em jaulas nas fronteiras ou deixadas para se afogar no mar.

Considerados em conjunto, esses desdobramentos apresentam um quebra-cabeça analítico. Por um lado, o capitalismo financeirizado está dissolvendo a estrutura político-econômica que sustentou a opressão racial nos regimes anteriores. Por outro, o regime ainda ancora disparidades raciais e fomenta antagonismos raciais. A pergunta é: por quê? Por que o racismo sobrevive ao desaparecimento da separação explícita entre as duas "ex"? Por que as pessoas que hoje compartilham da condição objetiva de exploração e expropriação não se veem como companheiras no mesmo barco (furado e inavegável)?

Por que não se unem na oposição à articulação mais vaga entre expropriação e exploração no capitalismo financeirizado, que prejudica todas elas?

Não é surpresa que essas alianças tenham sido raras nas fases anteriores da história do capitalismo. No passado, a separação racializada das duas "ex" estimulava os "trabalhadores" (duplamente) livres do centro do capitalismo a dissociarem seus interesses e objetivos daqueles dos povos sujeitados e dependentes da periferia, inclusive da periferia dentro do centro. Como consequência, o que se entendia como luta de classes era desconectado com facilidade das lutas contra a escravização, o imperialismo e o racismo — isso quando não colocado diretamente em oposição a elas. E o inverso às vezes também se dava: movimentos que buscavam superar a opressão racial nem sempre viam esperança nas alianças com o "trabalho" e, ocasionalmente, até desdenhavam delas. O efeito disso ao longo da história do capitalismo foi o enfraquecimento das forças de emancipação.

Mas isso foi no passado. Quais são as possibilidades desse tipo de aliança hoje, quando a opressão na sociedade capitalista já não é mais estritamente "necessária"? A perspectiva delineada aqui sugere um prognóstico ambivalente. Objetivamente, o capitalismo financeirizado enfraqueceu a separação mútua entre as duas "ex" que sustentou o racismo no passado. Subjetivamente, no entanto, a nova configuração pode inclusive agravar o antagonismo racial, pelo menos a curto prazo. No encontro de séculos de estigmatização e violação racializada com a necessidade voraz do capital por alvos para explorar e expropriar o resultado é uma intensa insegurança e paranoia — logo, uma corrida desesperada por segurança — e a exacerbação do racismo.

Decerto, as pessoas que antes eram blindadas de (grande parte da) predação não têm o menor desejo de compartilhar agora seus fardos e não apenas por serem racistas, embora algumas delas sejam. Acontece também que existem queixas legítimas, que surgem de um jeito ou de outro, como de fato deve ser. Na ausência de um movimento inter-racial para abolir um sistema social que impõe a expropriação quase universal, esses ressentimentos encontram vazão no aumento do populismo autoritário de direita. Esses movimentos prosperam hoje em praticamente todos os países do centro histórico do capitalismo e também em um número razoável de países da antiga periferia. Eles representam a resposta absolutamente previsível ao "neoliberalismo progressista" dos nossos tempos. As elites que personificam essa perspectiva apelam com cinismo ao que seria "justo" e, ao mesmo tempo, ampliam a expropriação, pedindo a quem antes estava protegido das piores condições — por sua posição como pessoas "brancas" ou "europeias" — para abrir mão desse status favorecido, aceitar o aumento da precariedade e se render à violação, tudo isso enquanto direcionam seus ativos para os investidores sem oferecer nada em troca, a não ser a aprovação moral.[15]

Nesse contexto, as perspectivas políticas para uma sociedade pós-racial não são tão otimistas, a despeito da possibilidade de uma abertura estrutural. As alianças inter-raciais não surgem espontaneamente da nova configuração mais indistinta entre as duas "ex". Pelo contrário, no virulento mundo predatório do capitalismo financeirizado, os antagonismos raciais estão em ascensão. Hoje, quando há possibilidade, em princípio, de existir um capitalismo não racial, essa perspectiva parece ser obstruída,

---

[15] Sobre neoliberalismo progressista, consulte Fraser, Nancy. "O fim do neoliberalismo progressista". *Brasil de Fato*, janeiro de 2017. Veja também Fraser, Nancy. *O velho está morrendo e o novo não pode nascer.* São Paulo: Autonomia Literária, 2020.

na prática, graças a uma combinação tóxica de inclinações sedimentadas, ansiedades exacerbadas e manipulações cínicas.

Mas antes de lamentarmos esse fato, devemos perguntar qual poderia ser exatamente o sentido de capitalismo não racial nas atuais condições. Em uma interpretação, seria um regime em que, por um lado, as pessoas não brancas estariam representadas de modo proporcional nos altos comandos do sistema financeiro global e do poder político e, por outro, entre suas vítimas exploradas e expropriadas. Contemplar essa possibilidade não deve confortar muito as pessoas antirracistas, pois significaria a piora contínua das condições de vida da imensa maioria das populações não brancas, entre outras. Direcionado para a paridade dentro de uma desigualdade cada vez mais inflada, um capitalismo não racial desse tipo levaria, na melhor das hipóteses, a oportunidades iguais de canibalização em meio ao aumento da animosidade racial.

A análise desenvolvida aqui sugere a urgência de uma transformação mais radical. Apesar das alegações dos neoliberais progressistas, não é possível derrotar o racismo com oportunidades iguais de canibalização nem, contrariando os liberais comuns, com reformas jurídicas. Do mesmo modo, em discordância com os nacionalistas negros, o antídoto não está nas zonas de empreendimento, no controle comunitário nem na autodeterminação. Também não é possível, como afirmam os socialistas tradicionais, emancipar as pessoas racializadas — e, com efeito, a população trabalhadora de qualquer cor — com um foco exclusivo na exploração. Pelo contrário, como vimos aqui, também é necessário mirar na expropriação com a qual a exploração está sistematicamente atrelada. É necessário, de fato, superar a articulação obstinada entre expropriação e exploração do capitalismo para transformar a matriz como um todo, erradicar as duas "ex" do capitalismo abolindo o sistema mais amplo que gera essa simbiose.

Superar o racismo hoje exige a construção de alianças inter-raciais que tenham o objetivo de alcançar essa transformação. Embora estabelecê-las não seja um processo automático, resultado de uma mudança estrutural, elas podem ser construídas com esforço político permanente. A condição *sine qua non* para isso é uma perspectiva que destaque a simbiose entre exploração e expropriação no capitalismo financeirizado. Ao expor esse imbricamento mútuo, essa perspectiva sugere que nenhuma das "ex" pode ser superada de forma isolada. O destino das duas está atrelado, assim como o das populações que foram divididas de modo tão explícito no passado e agora se aproximam de modo tão incômodo. Hoje, quando os explorados são também os expropriados e vice-versa, talvez seja possível, finalmente, vislumbrar uma aliança entre eles. Talvez ao nublar a linha entre as duas "ex", o capitalismo financeirizado esteja criando a base material para a abolição conjunta delas. Não obstante, cabe a nós agarrar a oportunidade e transformar uma possibilidade histórica em força histórica real de emancipação.

Em nenhum caso seria fácil alcançar esse objetivo. Mas fica ainda mais complicado quando consideramos algumas outras características estruturais da sociedade capitalista. Como vimos no capítulo 1, a expropriação racializada não é a única forma arraigada de dominação nessa sociedade. Na verdade, ela compartilha essa situação com injustiças enraizadas em outros terrenos ocultos que identificamos — políticos, ecológicos e reprodutivos sociais — e está profundamente entrelaçada com elas. Para compreender de fato o racismo, é necessário entendê-las também. Portanto, no próximo capítulo, voltarei a atenção para as formas de canibalização marcadas pela divisão de gênero, que emergem da separação estrutural entre produção e reprodução no capitalismo.

3 Devorador de cuidados: por que a reprodução social é um grande campo da crise capitalista

Enquanto o capital se alimenta da riqueza de populações racializadas, ele é também um devorador de cuidados.[1] Esse aspecto de sua natureza canibal se manifesta hoje na pobreza de tempo e exaustão social generalizada — experiências que têm uma base estrutural na realidade social. O fato é que nosso sistema social está exaurindo as energias necessárias para cuidar das famílias, manter as casas, sustentar comunidades, nutrir amizades, construir redes políticas e estabelecer solidariedades. Tratada com frequência como trabalho de cuidado, essas atividades são indispensáveis para a sociedade: elas repõem os seres humanos, tanto no cotidiano quanto no âmbito geracional, e ainda mantêm os vínculos sociais. Além disso, nas sociedades capitalistas, garantem o fornecimento de força de trabalho mercantilizada de onde o capital suga mais-valor. Sem esse trabalho de reprodução social, como vou denominá-lo, não haveria produção, nem lucro, nem capital; não haveria economia,

---

[1] Uma versão anterior deste capítulo foi apresentada em francês, em Paris, no dia 14 de junho de 2016, como palestra na 38.ª Marc Bloch Lecture at the École des hautes etudes en sciences sociales. O texto está disponível no site da École. Agradeço a Pierre-Cyrille Hautcœur pelo convite, a Johanna Oksala pelas discussões estimulantes, a Mala Htun e Eli Zaretsky pelos comentários proveitosos e a Selim Heper pela assistência de pesquisa.

nem cultura, nem Estado. Com efeito, é justo afirmar que nenhuma sociedade — capitalista ou não — que canibaliza sistematicamente a reprodução social consegue durar muito tempo. Ainda assim, é exatamente isto que a atual forma de capitalismo está fazendo: desviando os recursos emocionais e materiais que deveriam ser dedicados ao trabalho de cuidado para outras atividades não essenciais que engordam os cofres corporativos enquanto nos deixam à míngua. Disso resulta uma imensa crise, não apenas do cuidado, mas da reprodução social em seu sentido mais amplo.

Por pior que seja, essa crise é apenas uma das manifestações do banquete frenético descrito neste livro. Neste período, o capital está canibalizando não apenas a reprodução social, como também os poderes públicos e as capacidades políticas, além da riqueza da natureza e das populações racializadas. Disso decorre uma crise geral de nossa ordem social, uma crise de vários componentes que se interseccionam e se exacerbam entre si. Ainda assim, os debates atuais se concentram principalmente nos aspectos econômicos ou ecológicos, negligenciando a reprodução social, apesar de sua urgência e importância. Conectada, sem dúvida, ao sexismo, essa negligência bloqueia nossa capacidade de enfrentar esse desafio. O componente do "cuidado" é tão central para a crise mais ampla que nenhum outro pode ser bem compreendido se abstraído dele. No entanto, o inverso também se dá: a crise da reprodução social não existe em isolamento e não pode ser entendida por si só. Então como se deve compreendê-la?

Proponho interpretar o atual estado de "calamidade do cuidado" como uma expressão aguda de uma contradição reprodutiva social inerente ao capitalismo. Essa formulação sugere duas ideias. Primeiro, as atuais tensões sobre o cuidado não são acidentais, mas têm raízes estruturais profundas em nossa atual ordem social, às quais me referi nos capítulos anteriores como capitalismo financeirizado. Não obstante — e esta é a segunda questão —, a presente crise da reprodução social indica que há algo podre não só na atual forma do sistema, como na sociedade capitalista *per se*. Não só o neoliberalismo, mas o próprio capitalismo precisa ser transformado.

Meu argumento, portanto, é que cada forma da sociedade capitalista abriga uma profunda contradição social ou tendência à crise: por um lado, a reprodução social é uma condição de fundo necessária para a acumulação sustentada de capital; por outro, o ímpeto de acumulação ilimitada do capitalismo o leva a canibalizar as próprias atividades reprodutivas sociais de que depende. Essa contradição social do capitalismo está na raiz da nossa chamada crise do cuidado. Embora seja inerente ao capitalismo como tal, ela assume uma aparência diferente e distintiva em cada forma historicamente específica da sociedade capitalista. Os déficits do cuidado que vivenciamos hoje são a forma que essa contradição assume na atual fase financeirizada do desenvolvimento capitalista.

Vivendo à custa do mundo da vida

Para entender o porquê disso, precisamos ampliar nossa compreensão do que conta como contradição do capitalismo. A maioria dos analistas destaca as contradições internas da economia do sistema. Em seu cerne, afirmam, há uma tendência inerente de autodesestabilização, que se expressa em crises econômicas periódicas: quebras das bolsas de valores, ciclos de grande crescimento e colapso e depressões a granel. Essa visão está correta, até onde alcança. Mas ela não pinta o quadro completo das contradições inerentes do capitalismo porque ignora uma característica crucial desse sistema social: o ímpeto do capital de canibalizar a riqueza em zonas para além (ou, como já disse, por trás) da econômica. No entanto, essa desatenção é logo remediada quando adotamos a compreensão ampliada de capitalismo que foi delineada nos capítulos anteriores. Por contemplar tanto a economia oficial quanto suas condições não econômicas de fundo, essa visão nos permite conceituar e criticar toda a gama de contradições do capitalismo, incluindo aquelas centradas na reprodução social. Explico.

A economia capitalista depende — pode-se dizer, vive à custa — de atividades de provimento, cuidado e interação que produzem e mantêm vínculos sociais, embora não atribua a elas valor monetizado e as trate como se fossem gratuitas. Chamada por diversos nomes, como "cuidado", "trabalho afetivo" ou "subjetivação", essa atividade forma os sujeitos humanos do capitalismo sustentando-os como seres naturais encarnados e, ao mesmo tempo, constituindo-os como seres sociais, formando o *habitus* e o *ethos* cultural no qual se movimentam. O trabalho de dar à luz e socializar a juventude é central para esse processo, assim como cuidar das pessoas idosas, manter as casas, construir comunidades e sustentar sentidos compartilhados, disposições afetivas e horizontes de valor que sustentam a cooperação social.

Assim, compreendido de forma ampla, o trabalho da reprodução social é essencial para qualquer sociedade. Nas sociedades capitalistas, no entanto, ele assume outra função, mais específica: produzir e repor as classes que têm sua força de trabalho explorada pelo capital para este obter mais-valor. Ironicamente, portanto, o trabalho de cuidado produz o trabalho que o sistema chama de "produtivo", mas é, ele próprio, considerado "improdutivo". É verdade, contudo, que muito, se não todo o trabalho de cuidado está localizado fora dos circuitos de acumulação de valor da economia oficial — nas casas e nos bairros, nas instituições da sociedade civil e nas agências públicas. E relativamente pouco dele produz valor no sentido capitalista, mesmo quando remunerado. Mas seja onde for realizada e seja remunerada ou não, a atividade de reprodução social é necessária para o funcionamento do capitalismo. Nem o trabalho assalariado considerado produtivo nem o mais-valor extraído dele poderiam existir na ausência do trabalho de cuidado. É apenas graças ao trabalho doméstico, à criação dos filhos, à educação, ao cuidado afetivo e a uma variedade de atividades relacionadas que o capital obtém uma força de trabalho com qualidade e em quantidade adequada a suas necessidades. A reprodução social é precondição indispensável para a produção econômica em uma sociedade capitalista.[2]

---

[2] Muitos teóricos e teóricas feministas já apresentaram versões desse argumento. Entre as formulações feministas marxistas emblemáticas estão as de Zaretsky, Eli. *O capitalismo, a família e a vida privada*. Trad. Maria da Graça Morais Sarmento. Lisboa: Iniciativas Editoriais, 1976; e Vogel, Lise. *Marxism and the Oppression of Women*. Boston: Brill, 2013. Outra formulação potente está em Folbre, Nancy. *The Invisible Heart*. Nova York: New Press, 2002. Elaborações posteriores de teóricas da reprodução social incluem Laslett, Barbara e Brenner, Johanna. "Gender and Social Reproduction". *Annual Review of Sociology 15*, 1989; Bezanson, Kate e Luxton, Meg (ed.). *Social Reproduction*. Montreal: McGill–Queen's University Press, 2006; Bakker, Isabella. "Social Reproduction and the Constitution of a Gendered Political Economy". *New Political Economy 12*, nº 4, 2007; Bhattacharya, Tithi (ed.). *Social Reproduction Theory: Remapping Class, Recentering Oppression*. Londres: Pluto Books, 2017; Ferguson, Susan. *Women and Work: Feminism, Labor, and Social Reproduction*. Londres: Pluto Books, 2019; e Arruzza, Cinzia; Bhattacharya, Tithi; e Fraser,

Desde pelo menos a era industrial, no entanto, as sociedades capitalistas separaram o trabalho da reprodução social daquele da produção econômica. Associando o primeiro às mulheres e o segundo aos homens, envolveram as atividades reprodutivas em uma nuvem de sentimento, como se o trabalho devesse ser sua própria recompensa — ou, se isso falhasse, como se só precisasse ser remunerado com uma ninharia, ao contrário do trabalho feito diretamente para o capital, que (em tese) recebe uma remuneração com a qual o trabalhador consegue se sustentar. Desse modo, as sociedades capitalistas criaram uma base institucional para novas formas modernas de subordinação das mulheres. Separando o trabalho reprodutivo do universo mais amplo das atividades humanas, no qual o trabalho das mulheres antes ocupava um lugar reconhecido, relegaram-no a uma esfera doméstica recém-institucionalizada onde sua importância social foi ofuscada, coberta pelas névoas das noções recém-inventadas de feminilidade. E nesse novo mundo, onde o dinheiro se tornou o meio primordial de poder, o fato de não ser remunerado ou ser mal remunerado foi a pá de cal: as pessoas que realizam o trabalho reprodutivo essencial ficam estruturalmente subordinadas àquelas que ganham um salário suficiente para viver, recebido pelo trabalho gerador de mais-valor na economia oficial, mesmo que o trabalho das primeiras seja o que viabiliza o das segundas.

Assim, em geral, as sociedades capitalistas separam a reprodução social da produção econômica, associando aquela às mulheres e ofuscando sua importância e valor. Contudo, paradoxalmente tornam suas economias oficiais dependentes dos mesmos processos de reprodução social cujo valor dene-

---

Nancy. *Feminismo para os 99%: um manifesto*. Trad. Heci Regina Candiani. São Paulo: Boitempo, 2019.

gam. Essa relação peculiar de *divisão-dependência-denegação* é a receita para a *desestabilização*. Com efeito, essas quatro palavras iniciadas em *D* sintetizam uma contradição: por um lado, a produção econômica capitalista não é autossustentável, mas depende da reprodução social; por outro, seu ímpeto por acumulação ilimitada ameaça desestabilizar as próprias capacidades e os processos reprodutivos de que o capital — e o resto de nós — precisa. O efeito disso ao longo do tempo, como veremos, é o comprometimento periódico das condições sociais necessárias da economia capitalista.

Na prática, aqui reside uma "contradição social" nas profundezas da estrutura institucional da sociedade capitalista. Assim como as contradições econômicas destacadas por marxistas, tal contradição também fundamenta uma tendência à crise. Neste caso, contudo, o problema não está localizado "dentro" da economia capitalista, mas na margem que separa (e conecta) produção e reprodução. Não sendo nem intraeconômica nem intradoméstica, tal contradição estabelece um conflito *entre* as respectivas lógicas normativas que incluem gramática e ação nos dois campos. Muitas vezes, naturalmente, ela é silenciosa, e a tendência à crise associada se mantém ofuscada. No entanto, se torna aguda quando o ímpeto de expansão da acumulação do capital se desancora de suas bases sociais e se volta contra elas. Quando isso acontece, a lógica da produção econômica suplanta a da reprodução social, desestabilizando o próprio processo do qual o capital depende — comprometendo as capacidades sociais, tanto domésticas quanto públicas, necessárias para sustentar a acumulação no longo prazo. Destruindo suas próprias condições de possibilidade, a dinâmica de acumulação do capital mimetiza o Ouroboros e come a própria cauda.

Ataques históricos da voragem capitalista contra os cuidados

Essa contradição social é própria do capitalismo em geral e está inscrita em seu DNA. Mas ela assume formas diferentes em fases diversas do desenvolvimento do sistema. De fato, a organização capitalista da reprodução social passou por grandes transformações históricas, muitas vezes como resultado de contestação política. Sobretudo em períodos de crise, atores sociais lutam pelas fronteiras que demarcam o limite entre economia e sociedade, produção e reprodução, trabalho e família, e por vezes conseguem redesenhá-las. Essas "lutas de fronteiras", como denominei no capítulo 1, são tão centrais para as sociedades capitalistas quanto as lutas no ponto da produção, muitas vezes privilegiadas na esquerda, com as quais elas se entrelaçam. E as mudanças que essas lutas produzem marcam transformações históricas.

Uma perspectiva que realce essas mudanças pode distinguir quatro regimes de reprodução social com produção econômica na história do capitalismo. Tais regimes coincidem com a sequência daqueles de acumulação racializadas, examinados no capítulo 2, interseccionando-se e sobrepondo-se a eles. Aqui também encontramos o regime capitalista mercantil do século XVI ao XVIII, o colonial liberal do XIX, o administrado pelo Estado de meados do século XX e o capitalista financeirizado da era atual. Aqui, no entanto, meu foco está no trabalho da reprodução social, na forma como é organizado e onde está situado em cada fase. Estariam as pessoas que o executam posicionadas como membros da família, como domésticas (não remuneradas ou mal pagas) trabalhando em casas particulares, como empregadas de empresas que visam o lucro, como ativistas comunitárias e voluntárias na sociedade civil ou funcionárias públicas assalariadas?

Para cada regime, essas perguntas receberam respostas diferentes. Assim, as condições de reprodução social para a produção econômica assumiram uma aparência diferente em cada era. Isso aconteceu também com os fenômenos de crise pelos quais a contradição social do capitalismo se manifesta. Por fim, em cada regime, essa contradição incitou formas características de luta social — lutas de classes, certamente, mas também lutas de fronteira e, como veremos, lutas por emancipação.

Colonização e domesticação das mulheres como donas de casa

Considere, primeiro, o regime capitalista mercantil que foi do século XVI até o século XVIII. No centro imperial-comercial emergente, esse regime manteve o setor de criação e manutenção de vínculos sociais basicamente da mesma forma como era antes: localizado em povoados, lares e redes de famílias extensas, regulado no âmbito local pelos costumes e pela Igreja, distante da ação do Estado nacional e relativamente intocada pela lei do valor. Ao mesmo tempo, no entanto, esse regime subverteu com violência os vínculos sociais pré-capitalistas na periferia, saqueando o campesinato, escravizando populações africanas, espoliando povos indígenas — tudo com impiedosa desconsideração pelas delicadezas da família, da comunidade e do parentesco. A resistência que se seguiu representou uma primeira fase de luta pela reprodução social na história do capitalismo.

O intenso ataque contra a sociabilidade periférica continuou no chamado capitalismo liberal do século XIX, quando os Estados europeus consolidaram seu domínio colonial. Mas a situação na metrópole passou por uma transformação drástica. Nos primeiros centros de manufatura do centro capitalista, os industriais pressionaram mulheres e crianças a trabalharem em fábricas e minas, ávidos pela mão de obra barata e reputação de docilidade. Recebendo uma ninharia e obrigadas a trabalhar por longas jornadas em condições insalubres, essas trabalhadoras se tornaram ícones do descaso do capital com as relações sociais e capacidades que sustentavam a produtividade.[3] Aqui, consequentemente, os imperativos da produção e da reprodução pareceram se colocar em contradição direta entre si. O resultado foi uma crise em pelo menos dois níveis: por um lado, uma crise da reprodução social entre as populações pobres e as classes trabalhadoras, cujas capacidades de sustento e reposição foram distendidas até o ponto de ruptura; por outro, um pânico moral entre as classes médias escandalizadas com o que entendiam como a destruição da família e como a dessexualização das mulheres proletárias. A situação era tão calamitosa que até críticos argutos como Marx e Engels confundiram esse conflito frontal inicial entre produção econômica e reprodução social com o fator decisivo. Imaginando que o capitalismo tinha entrado em sua crise terminal, acreditaram que, conforme o sistema eviscerasse a família da classe trabalhadora, também erradicaria a base da opressão das mulheres.[4] Mas o que aconteceu, na verdade, foi o inverso: com o tempo, as sociedades capitalistas encontraram recursos para administrar essa contradição — em parte ao criar "a família"

---

[3] Tilly, Louise e Scott, Joan. *Women, Work, and Family*. Londres: Routledge, 1987.

[4] Marx, Karl e Engels, Friedrich. *Manifesto comunista*. Trad. Álvaro Pina. São Paulo: Boitempo, 1998; Engels, Friedrich. *A origem da família, da propriedade privada e do Estado*. Trad. Nélio Schneider. São Paulo: Boitempo, 2019.

em sua forma moderna restrita, ao inventar novos significados mais intensos para a diferença entre gêneros e ao modernizar a dominação masculina.

O processo de ajuste começou, no centro europeu, com uma legislação protetiva. A ideia era estabilizar a reprodução social limitando a exploração de mulheres e crianças no trabalho fabril.[5] Liderada por reformistas de classe média em aliança com organizações de trabalhadores e trabalhadoras que nasciam naquele momento, essa "solução" refletiu uma complexa amálgama de motivações diferentes. Um dos objetivos, celebremente caracterizado pelo antropólogo e historiador econômico Karl Polanyi, era "defender a sociedade da economia" em uma batalha histórica por ele chamada de "duplo movimento", a qual colocou os defensores do livre-mercado contra protecionistas sociais.[6] O outro foi aliviar a ansiedade diante de um "nivelamento entre os gêneros". Mas esses motivos também estavam entrelaçados com algo mais: uma insistência na autoridade masculina sobre mulheres e crianças, sobretudo dentro da família.[7] Como consequência, a luta para garantir a integridade da reprodução social se entrelaçou com a defesa da dominação masculina.

O efeito pretendido, contudo, era silenciar a contradição social no centro do capitalismo, mesmo que a escravização e o colonialismo a tenham intensificado ao máximo na periferia. Criando o que a socióloga feminista Maria Mies chamou de

---

[5] Woloch, Nancy. *A Class by Herself*. Princeton: Princeton University Press, 2015.

[6] Polanyi, Karl. *A grande transformação: as origens da nossa época*. Trad. Fanny Wrobel. Rio de Janeiro: Campus, 2000.

[7] Baron, Ava. "Protective Labour Legislation and the Cult of Domesticity". *Journal of Family Issues 2*, nº 1, 1981.

"domesticação das mulheres como donas de casa" ["*housewifization*"] como o outro lado da colonização,[8] o capitalismo colonial liberal elaborou um novo imaginário de gênero de esferas separadas. Retratando a mulher como "o anjo do lar", seus proponentes buscaram criar um lastro estabilizador para a volatilidade da economia. O mundo implacável da produção seria acompanhado de um "refúgio em um mundo desalmado".[9] Contanto que cada lado se mantivesse na esfera designada a si e servisse como complemento ao outro, o conflito em potencial entre os dois se manteria debaixo dos panos.

Na realidade, essa "solução" se provou bastante frágil. A legislação protetiva não poderia garantir a reprodução do trabalho, uma vez que os salários continuavam abaixo do nível necessário para sustentar uma família; cortiços lotados e cercados de poluição impediam a privacidade, comprometiam a fertilidade, prejudicavam a saúde e encurtavam vidas; e a própria oferta de empregos (quando existia) estava sujeita a imensas flutuações por causa de falências, quebras de mercados e pânicos financeiros. Esses arranjos também não satisfizeram os trabalhadores. Articulando-se por salários mais altos e condições melhores, eles formaram sindicatos, organizaram greves e se uniram a partidos socialistas e trabalhistas. Despedaçado por um amplo conflito de classes cada vez mais agudo, o futuro do capitalismo não parecia nada assegurado.

---

[8] Mies, Maria. *Patriarcado e acumulação em escala global*. Trad. Coletivo Sycorax. São Paulo: Ema Livros e Editora Timo, 2022.

[9] Zaretsky, Eli. *O capitalismo, a família e a vida privada*. Trad. Maria da Graça Morais Sarmento. Lisboa: Iniciativas Editoriais, 1976; Coontz, Stephanie. *The Social Origins of Private Life*. Londres: Verso, 1988.

A separação das esferas se provou igualmente problemática. As mulheres pobres, racializadas e trabalhadoras não estavam em posição de atender aos ideais vitorianos de domesticidade; embora a legislação protetiva mitigasse sua exploração direta, não oferecia apoio material nem compensação pelos salários perdidos. As mulheres de classe média que se adequavam aos ideais vitorianos também não estavam sempre satisfeitas com a situação, que combinava conforto material e prestígio moral com minoria jurídica e dependência institucionalizada. Para os dois grupos, a "solução" de esferas separadas foi adotada em grande medida à custa das mulheres. Mas também colocava umas contra as outras — veja as lutas do século XIX relacionadas à prostituição, que alinhavam as preocupações filantrópicas das mulheres de classe média vitorianas contra os interesses materiais de suas "companheiras decaídas".[10]

Uma dinâmica diferente se desdobrou na periferia. Ali, enquanto o colonialismo extrativista devastava populações subjugadas, nem esferas separadas nem proteção social eram adotadas. Longe de buscar proteger relações indígenas de reprodução social, os poderes da metrópole promoveram ativamente sua destruição. Campesinatos foram saqueados e suas comunidades aniquiladas para fornecer alimentos, produtos têxteis, minérios e energia baratos para a rentabilidade da exploração dos trabalhadores industriais da metrópole. Enquanto isso, no continente americano, as capacidades reprodutivas das mulheres escravizadas foram violentamente capturadas e submetidas aos cálculos de lucros dos fazendeiros enquan-

---

[10] Walkowitz, Judith. *Prostitution and Victorian Society*. Cambridge: Cambridge University Press, 1980; Hobson, Barbara. *Uneasy Virtue: The Politics of Prostitution and the American Reform Tradition*. Chicago: University of Chicago Press, 1990.

to suas famílias eram cotidianamente destroçadas, separadas, vendidas para diferentes proprietários e, muitas vezes, enviadas a lugares distantes.[11] Crianças indígenas também foram arrancadas de suas comunidades, convocadas a frequentar escolas missionárias e submeterem-se a disciplinas coercitivas de assimilação.[12] Quando havia necessidade de racionalizar, os defensores dessas ações invocavam a condição de força antinatural das mulheres indígenas com a mesma facilidade que apelavam ao estado patriarcal retrógrado das relações de gênero não ocidentais. Esta última justificativa serviu bem na colonização da Índia, onde filantropas britânicas encontraram uma plataforma pública, conclamando "homens brancos a salvarem mulheres de pele escura dos homens de pele escura".[13]

Nos dois cenários, periferia e centro, os movimentos feministas se perceberam navegando por um campo político minado. Rejeitando a *coverture*[14] e as esferas separadas enquanto exigiam, ao mesmo tempo, o direito de votar, de se recusar

---

[11] Davis, Angela. "Reflections on the Black Woman's Role in the Community of Slaves". *Massachusetts Review 13*, nº 2, 1972.

[12] Adams, David Wallace. *Education for Extinction: American Indians and the Boarding School Experience, 1875–1928*. Lawrence: University Press of Kansas, 1995; Churchill, Ward. *Kill the Indian, Save the Man: The Genocidal Impact of American Indian Residential Schools*. São Francisco: City Lights, 2004.

[13] Spivak, Gayatri. *Pode o subalterno falar?* Trad. Sandra Regina Goulart Almeida; Marcos Pereira Feitosa; André Pereira Feitosa. Belo Horizonte: Editora da UFMG, 2010.

[14] N.T: Literalmente "cobertura", refere-se a uma doutrina jurídica que vigorou durante séculos no *common law* (sistema jurídico adotado nos EUA, Inglaterra e ex-colônias inglesas), segundo a qual a existência jurídica da mulher casada era dependente e submetida à do marido.

a ter relações sexuais, de ter propriedades, assinar contratos, atuar profissionalmente e controlar o próprio salário, as feministas liberais pareciam valorizar a aspiração de autonomia, codificada como masculina, em detrimento de ideais de cuidado, retratados como femininos. Nesse ponto, ainda que fosse um dos poucos, as feministas socialistas efetivamente concordavam com elas. Concebendo a entrada das mulheres no trabalho assalariado como um caminho para a emancipação, as socialistas também preferiam os valores associados com a produção àqueles conotados pela reprodução. Essas associações com marca de gênero eram ideológicas, sem dúvida, mas por trás delas havia uma intuição profunda: a de que, apesar das novas formas de dominação que o capitalismo trouxe, a erosão das relações tradicionais de parentesco promovidas pelo sistema continham um momento emancipatório.

Nessa situação, as feministas se viram envolvidas em um paradoxo. Muitas delas encontraram pouco conforto nas faces do movimento duplo de Polanyi. Nem o polo da proteção social, ligado à dominação masculina, nem aquele da mercadorização, com seu descaso pela reprodução social, serviam bem. Incapazes de rejeitar simplesmente ou abraçar totalmente a ordem liberal, algumas buscaram desenvolver uma terceira orientação, a que chamaram de emancipação. No ponto em que conseguiram incorporar esse termo de modo plausível, as feministas explodiram o esquema dual de Polanyi transformando-o, efetivamente, em um movimento triplo.[15] Nesse conflito entre três lados, proponentes da proteção social e da mercadorização disputaram não só entre si, mas também

---

[15] Fraser, Nancy. "A Triple Movement? Parsing the Politics of Crisis after Polanyi". *New Left Review 81*, maio-junho de 2013, p. 119–132.

com pessoas partidárias da emancipação: com as feministas, decerto, mas também com socialistas, abolicionistas e anticolonialistas — todas aquelas empenhadas em colocar um polo polanyiano contra o outro enquanto conflitavam entre si.

Por mais promissora que fosse na teoria, a emancipação era difícil de se implementar. Enquanto os esforços para "proteger a sociedade da economia" estivessem identificados com a defesa da hierarquia de gênero, a oposição feminista à dominação masculina poderia facilmente ser lida como apoio às forças econômicas que devastavam a classe trabalhadora e as comunidades periféricas. Essas associações viriam a surpreender pelo tempo que duraram, permanecendo muito tempo depois do colapso do capitalismo colonial liberal sob o peso de suas inúmeras contradições, no processo de guerras interimperialistas, depressões econômicas e caos financeiro internacional, dando por fim lugar, em meados do século XX, a um novo regime.

Fordismo e o salário familiar

Chega, então, o capitalismo administrado pelo Estado. Surgindo das cinzas da Grande Depressão e da Segunda Guerra Mundial, esse regime buscou desarmar a contradição entre produção econômica e reprodução social de uma forma completamente nova: empregando o poder do Estado no lado da reprodução. Assumindo alguma responsabilidade pública pelo que viria a ser conhecido como bem-estar social, os Estados dessa era buscaram contrapor, na reprodução social, os efeitos corrosivos da exploração e do desemprego em massa. Esse objetivo foi adotado tanto por Estados de bem-estar social do centro do capitalismo quanto por Estados desenvolvimentistas recém-independentes da periferia, apesar das capacidades desiguais de concretizá-lo.

Mais uma vez, havia uma variedade de motivações. Um estrato das elites esclarecidas passou a acreditar que o interesse do capital de extrair o máximo de lucro a curto prazo deveria ser subordinado às exigências de longo prazo para a acumulação sustentada ao longo do tempo. A criação do regime administrado pelo Estado foi uma questão de salvar o sistema capitalista de suas próprias propensões à autodesestabilização — e do espectro da revolução em uma era de mobilizações de massa. Produtividade e lucratividade exigiam o cultivo biopolítico de uma força de trabalho saudável e instruída, que tivesse interesse direto no sistema, em oposição a uma plebe maltrapilha e revolucionária.[16] O investimento público em saúde, educação, creches e aposentadorias, complementado pelo provimento corporativo, foi percebido como necessidade em um momento em que as relações capitalistas haviam penetrado a vida social a tal ponto que as classes trabalhadoras não possuíam mais os meios para se reproduzir por conta própria. Nessa conjuntura, a reprodução social precisou ser internalizada, trazida para dentro do domínio oficialmente administrado da ordem capitalista.

Esse projeto se encaixou com a nova problemática da "demanda" econômica. Com o objetivo de mitigar os ciclos endêmicos de expansão e quebra do capitalismo, os reformistas econômicos buscaram garantir o crescimento contínuo permitindo que os trabalhadores do centro do capitalismo cumprissem uma dupla função como consumidores. Aceitando a

---

[16] Foucault, Michel. "Governmentality" em Burchell, Graham; Gordon, Colin; e Miller, Peter (ed.) *The Foucault Effect*. Chicago: University of Chicago Press, 1991, p. 87–104; Foucault, Michel. *Nascimento da biopolítica: curso dado no Collège de France, 1978–1979*. Trad. Eduardo Brandão. São Paulo: Martins Fontes, 2008.

sindicalização (que levou a salários mais altos) e gastos no setor público (que geraram empregos), os formuladores de políticas agora reiventavam a casa como um espaço privado para o consumo doméstico de objetos de uso cotidiano produzidos em massa.[17] Relacionando, de um lado, a linha de montagem ao consumo familiar da classe trabalhadora e, de outro, à reprodução apoiada pelo Estado, esse modelo fordista forjou uma nova síntese de mercadorização e proteção social — projetos que Polanyi havia considerado antitéticos.

Mas foram sobretudo as classes trabalhadoras — mulheres e homens — que lideraram a luta pelo provimento público, e havia motivos para isso. Para elas, a questão era alcançar a participação plena na sociedade enquanto cidadãs democráticas e, portanto, com dignidade, direitos e respeitabilidade, além de segurança e bem-estar material — coisas que, compreendia-se, exigiam uma vida familiar estável. Assim, ao acolher a social-democracia, as classes trabalhadoras estavam também valorando a reprodução social contra o dinamismo desmedido da produção econômica. Com efeito, estavam elegendo a família, o país e a subjetividade contra a fábrica, o sistema e a máquina. Ao contrário da legislação protetiva do regime anterior, o arranjo capitalista de Estado foi resultado de uma conciliação de classes e representou um avanço democrático. Também ao contrário de seu antecessor, os novos arranjos serviram, ao menos para algumas pessoas e por algum tempo, para estabilizar

---

[17] Ross, Kristin. *Fast Cars, Clean Bodies: Decolonization and the Reordering of French Culture*. Cambridge: MIT Press, 1996; Hayden, Dolores. *Building Suburbia: Green Fields and Urban Growth, 1820–2000*. Nova York: Pantheon, 2003; Ewen, Stuart. *Captains of Consciousness: Advertising and the Social Roots of the Consumer Culture*. Nova York: Basic Books, 2008.

a reprodução social. Para trabalhadores da maioria étnica no centro do capitalismo, as pressões materiais da vida familiar foram atenuadas e a incorporação política foi fomentada.

Mas antes de nos apressarmos em proclamar uma era de ouro, devemos registrar as exclusões constitutivas que possibilitaram essas conquistas. Assim como aconteceu antes, a defesa da reprodução social no centro estava entrelaçada com o (neo)imperialismo. Os regimes fordistas financiaram os direitos sociais, em parte, por meio da expropriação permanente da periferia — incluindo da "periferia dentro do centro" —, o que persistiu de formas antigas e novas depois da descolonização.[18] Enquanto isso, os Estados pós-coloniais na mira da Guerra Fria direcionaram o grosso de seus recursos já exauridos pela preda-

---

[18] Nessa era, o apoio estatal à reprodução social foi financiado por receitas tributárias e dedicou fundos com os quais tanto trabalhadores da metrópole quanto o capital contribuíam, em diferentes proporções, dependendo das relações de poder de classe em determinado Estado. Mas esses fluxos de receitas eram inflados com o valor desviado da periferia por meio de lucros obtidos com investimento estrangeiro direto e com o comércio baseado na troca desigual. Consulte Prebisch, Raúl. "O desenvolvimento econômico da América Latina e alguns de seus problemas principais" em *O manifesto latino-americano e outros ensaios*. Rio de Janeiro: Contraponto; Centro Internacional Celso Furtado, [1949] 2011, p. 95–151. *O desenvolvimento econômico da América Latina e alguns de seus problemas principais*. Organização das Nações Unidas, n. de venda: 62.II.G.I; Baran, Paul. *A economia política do desenvolvimento*. Trad. S. Ferreira da Cunha. Rio de Janeiro: Zahar Editores, 1964; Pilling, Geoffrey. "Imperialism, Trade, and 'Unequal Exchange': The Work of Arghiri Emmanuel". *Economy and Society 2*, nº 2, 1973; Köhler, Gernot e Tausch, Arno. *Global Keynesianism: Unequal Exchange and Global Exploitation*. Nova York: Nova Science Publishers, 2001.

ção imperialista para grandes projetos de desenvolvimento, que muitas vezes envolviam a expropriação de "seus próprios" povos indígenas. Para a imensa maioria na periferia, a reprodução social continuou fora do alcance da governança, pois as populações rurais foram relegadas e tiveram que se virar por conta própria. Assim como seu antecessor, o regime administrado pelo Estado estava entrelaçado com a hierarquia racial, como vimos no capítulo 2. A seguridade social nos Estados Unidos excluiu trabalhadoras domésticas e pessoas que trabalhavam na agricultura, cortando efetivamente grande parte da população afro-americana dos direitos sociais.[19] E a divisão racial do trabalho reprodutivo, iniciada durante o período de escravização, assumiu uma nova face com as leis Jim Crow, pois as mulheres negras encontravam trabalhos assalariados mal remunerados nos quais criavam os filhos e limpavam as casas das famílias "brancas" à custa de seus próprios filhos e casas.[20] Além disso, como veremos no capítulo 4, o regime administrado pelo Estado também dependia de um novo complexo energético industrial, centrado no motor de combustão interna e no petróleo refinado. Disso resultou que os ganhos da reprodução social no Norte global se basearam em danos ecológicos colossais sobretudo, mas não somente, no Sul global.

---

[19] Quadagno, Jill. *The Color of Welfare: How Racism Undermined the War on Poverty*. Oxford: Oxford University Press, 1994; Katznelson, Ira. *When Affirmative Action Was White: An Untold History of Racial Inequality in Twentieth-Century America*. Nova York: w.w. Norton & Co., 2005.

[20] Jones, Jacqueline. *Labor of Love, Labor of Sorrow: Black Women, Work, and the Family from Slavery to the Present*. Nova York: Vintage, 1985; e Glenn, Evelyn Nakano. *Forced to Care: Coercion and Caregiving in America*. Cambridge: Harvard University Press, 2010.

A hierarquia de gênero também não ficou alheia a esses arranjos. Por um período — mais ou menos entre a década de 1930 e o final dos anos 1950 —, quando os movimentos feministas ainda não tinham tanta visibilidade, quase ninguém contestou a visão de que a dignidade da classe trabalhadora exigia o "salário familiar", uma autoridade masculina dentro de casa e uma noção robusta de diferença entre gêneros. O resultado disso foi a grande tendência do capitalismo administrado pelo Estado nos países do centro de valorizar o modelo heteronormativo de família genderizada composto pelo homem provedor e a mulher dona de casa da família. O investimento público na reprodução social reforçou essas normas. Nos Estados Unidos, o sistema de bem-estar social adquiriu uma forma dualizada, entre o assistencialismo estigmatizado para mulheres e crianças ("brancas" em sua maioria) que não tinham acesso ao salário dos homens e a seguridade social respeitável para aqueles (homens "brancos" em sua maioria) compreendidos como "trabalhadores".[21] Em contrapartida, os arranjos europeus consolidaram a hierarquia androcêntrica de modo diferente, na divisão entre a pensão para mães solo pobres e as prerrogativas ligadas ao trabalho assalariado, motivadas, em muitos casos, por pautas pró-natalistas surgidas da

---

[21] Fraser, Nancy. "Women, Welfare, and the Politics of Need Interpretation". *Unruly Practices: Power, Discourse, and Gender in Contemporary Social Theory*. Mineápolis: University of Minnesota Press, 1989; Nelson, Barbara. "Women's Poverty and Women's Citizenship". *Signs: Journal of Women in Culture and Society 10*, nº 2, 1985; Pearce, Diana "Women, Work, and Welfare" em Feinstein, Karen Wolk. *Working Women and Families*. Beverly Hills: Sage, 1979; Brenner, Johanna "Gender, Social Reproduction, and Women's Self-Organization". *Gender and Society 5*, nº 3, 1991.

concorrência entre Estados.[22] Os dois modelos validaram, assumiram e estimularam o salário familiar. Ao institucionalizar compreensões androcêntricas de família e trabalho, naturalizaram a heteronormatividade, o binarismo de gênero e a hierarquia entre gêneros eliminando, em grande medida, a contestação política das desigualdades associadas a esses aspectos.

Em todos esses sentidos, a social-democracia sacrificou a emancipação por uma aliança de proteção social e mercadorização, mesmo mitigando a contradição social do capitalismo durante várias décadas. Mas o regime do capitalismo de Estado começou a desmoronar — primeiro, politicamente, na década de 1960, quando a Nova Esquerda global irrompeu para contestar as exclusões imperiais, raciais e de gênero e o paternalismo burocrático promovidas em nome da emancipação. Depois, economicamente, nos anos 1970, quando a estagflação, a "crise da produtividade" e a queda das taxas de lucro na indústria estimularam os esforços neoliberais de soltar as amarras da mercadorização. Se essas duas partes unissem forças, o que seria sacrificado seria a proteção social.

---

[22] Land, Hilary. "Who Cares for the Family?". *Journal of Social Policy 7*, nº 3, 1978; Holter, Harriet (ed.). P*atriarchy in a Welfare Society*. Oxford: Oxford University Press, 1984; Ruggie, Mary. *The State and Working Women*. Princeton: Princeton University Press, 1984; Siim, Birte. "Women and the Welfare State". Ungerson, Clare (ed.). *Gender and Caring*. Londres e Nova York: Harvester Wheatsheaf, 1990; Orloff, Ann Shola. "Gendering the Comparative Analysis of Welfare States". *Sociological Theory 27*, nº 3, 2009.

Família de dois provedores

Assim como no regime colonial liberal anterior, a ordem capitalista administrada pelo Estado se dissolveu em uma crise prolongada. Nos anos 1980, quem observasse com boa projeção de futuro poderia identificar o surgimento das linhas gerais de um novo regime, que se tornaria o capitalismo financeirizado da atualidade. Globalizante e neoliberal, esse regime promove o desinvestimento estatal e corporativo no bem-estar social e, ao mesmo tempo, recruta um imenso contingente de mulheres para a força de trabalho remunerado, externalizando o trabalho de cuidado para as famílias e comunidades e reduzindo sua capacidade de realizá-lo. Disso resulta uma nova organização dualizada da reprodução social, mercantilizada para quem tem condições de pagar por ela e privatizada para quem não tem, pois algumas das pessoas na segunda categoria oferecem trabalho de cuidado em troca de salários (baixos) para quem faz parte da primeira. Enquanto isso, o duplo golpe da crítica feminista e da desindustrialização tirou definitivamente toda a credibilidade do salário familiar. Aquele ideal social-democrata deu lugar à atual norma neoliberal da "família de dois provedores".

A maior força motriz desses desdobramentos — e característica definidora desse regime — é a nova centralidade do endividamento. Como veremos no capítulo 5, a dívida é o instrumento pelo qual as instituições financeiras globais pressionam os Estados para cortar gastos sociais, impor medidas de austeridade e, em geral, conspirar com investidores para extrair valor de populações indefesas. É também em grande medida por meio do endividamento que as populações camponesas do Sul global são expropriadas, espoliadas por uma nova rodada de grilagem corporativa de terras com o objetivo de açambarcar recursos como energia, água, terra agricultável e "compensações de carbono". Ainda, é cada vez mais pela dívida que a acumulação prossegue no centro histórico: conforme o trabalho de serviços precarizado e mal remunerado substitui o trabalho industrial sindicalizado, os salários caem a níveis abaixo dos custos de reprodução socialmente necessários. Na "economia do bico", os gastos contínuos dos consumidores exigem a expansão do crédito, que passa então por um crescimento exponencial.[23] Em outras palavras, é cada vez mais pelo endividamento que o capital agora canibaliza o trabalho, disciplina os Estados, transfere a riqueza da periferia para o centro e suga o valor dos lares, das famílias, das comunidades e da natureza.

O efeito disso é a intensificação da contradição, inerente ao capitalismo, entre produção econômica e reprodução social. Enquanto o regime anterior fortaleceu os Estados para subordinarem os interesses de curto prazo das empresas privadas ao objetivo de longo prazo da acumulação sustentada, em parte ao estabilizar a reprodução por meio do provimento público, este regime autoriza o capital financeiro a disciplinar os Estados de acordo com os interesses imediatos de investidores privados, exigindo sobretudo desinvestimento público na área da reprodução social. E enquanto o regime anterior aliou mercadorização e proteção social contra a emancipação, este produziu uma configuração ainda mais perversa, na qual a emancipação se une à mercadorização para solapar a proteção social.

O novo regime surgiu da fatídica intersecção entre dois conjuntos de lutas. Um deles colocou uma parte ascendente dos defensores do livre-mercado determinados a promover a liberalização e globalização da economia capitalista contra os

---

[23] Roberts, Adrienne. "Financing Social Reproduction". *New Political Economy 18*, nº 1, 2013.

movimentos de trabalhadores e trabalhadoras em declínio nos países do centro. Base de apoio mais poderosa da social-democracia no passado, esses movimentos agora encontram-se na defensiva, quando não inteiramente derrotados. O outro conjunto de lutas colocou os "novos movimentos sociais" progressistas, que desafiavam as hierarquias de gênero, sexo, "raça", etnia e religião, contra populações que buscavam defender mundos da vida estabelecidos e privilégios (modestos) agora ameaçados pelo "cosmopolitismo" da nova economia. Da colisão desses dois conjuntos de lutas surgiu um resultado surpreendente: um *neoliberalismo progressista*, que celebra a "diversidade", a meritocracia e a "emancipação" enquanto desmantela proteções sociais e re-externaliza a reprodução social. Disso decorre não só o abandono de populações indefesas às predações do capital, como também a redefinição da emancipação em termos mercadológicos.[24]

Houve participação de movimentos emancipatórios nesse processo. Todos — incluindo aqueles de combate ao racismo, pelo multiculturalismo, pela libertação LGBTQ e ambientalistas — produziram correntes neoliberais favoráveis ao mercado. Mas a trajetória feminista se mostrou especialmente trágica, dado o entrelaçamento histórico entre gênero e reprodução social no capitalismo. Como todos os regimes que o precederam, o capitalismo financeirizado institucionaliza a divisão produção-reprodução com base na divisão de gêneros. No entanto,

---

[24] Fruto de uma aliança improvável entre defensores do livre-mercado e os "novos movimentos sociais", o novo regime está embaralhando todos os alinhamentos políticos tradicionais, colocando em lados opostos feministas neoliberais "progressistas", como Hillary Clinton, e populistas nacionalistas autoritários, como Donald Trump.

ao contrário de seus antecessores, o imaginário dominante aqui é individualista liberal e igualitário de gênero: as mulheres devem ser iguais aos homens em todas as esferas, merecedoras de oportunidades iguais para concretizar seus talentos, incluindo — talvez especialmente — na esfera da produção. A reprodução, em contrapartida, aparece como um resíduo retrógrado, um obstáculo ao avanço, algo que deve ser descartado, de um jeito ou de outro, no caminho para a libertação.

Apesar ou talvez por causa de sua aura feminista, essa ideologia liberal sintetiza a forma atual da contradição social do capitalismo, que assume nova intensidade. Além de diminuir o provimento público e recrutar as mulheres para o trabalho assalariado, o capitalismo financeirizado reduziu os salários reais, aumentando as jornadas de trabalho remunerado necessárias para sustentar uma família e levando a uma corrida desesperada para transferir o trabalho de cuidado para outras pessoas.[25] Para suprir a escassez de cuidado, o regime importa trabalhadoras migrantes dos países mais pobres para os mais ricos. Tipicamente, são as mulheres racializadas, muitas vezes de zonas rurais de regiões pobres, que assumem o trabalho reprodutivo e de cuidado antes realizado pelas mulheres mais privilegiadas. Mas, para isso, as migrantes precisam transferir suas próprias responsabilidades familiares e comunitárias para outras cuidadoras ainda mais pobres que, por sua vez, precisam fazer o mesmo — e assim por diante, em cadeias globais de cuidado cada vez maiores. Longe de suprir essa carência, o efeito final é que as atividades de cuidado são deslocadas das famílias mais ricas para as mais pobres, do Norte global para

---

[25] Warren, Elizabeth e Tyagi, Amelia Warren. *The Two-Income Trap: Why Middle-Class Parents Are Going Broke*. Nova York: Basic Books, 2003.

o Sul global.[26] Esse cenário está de acordo com as estratégias de divisão de gênero dos Estados pós-coloniais endividados, quebrados e sujeitados aos programas de ajuste estrutural do Fundo Monetário Internacional. Desesperados por moeda forte, alguns Estados tomaram medidas ativas para promover a emigração de mulheres para realizar trabalhos de cuidado remunerados em outros países pensando nas remessas que elas enviariam aos países de origem, enquanto outros cortejaram investimento estrangeiro direto ao criar zonas de processamento de exportações, muitas vezes em setores como a indústria têxtil e a de montagem de equipamentos eletrônicos, que preferem empregar mulheres.[27] Nos dois casos, as capacidades de reprodução social ficam ainda mais espremidas.

Dois desdobramentos recentes nos Estados Unidos sintetizam a gravidade da situação. O primeiro é o aumento da popularidade do congelamento de óvulos, um procedimento que custa em média 10 mil dólares, mas hoje é oferecido de graça por empresas de TI (tecnologia da informação) como benefício para funcionárias com alta qualificação e alta remuneração. Ávidas para atrair e reter essas trabalhadoras, empresas como Apple e Facebook oferecem um forte incentivo para que elas adiem a maternidade, efetivamente afirmando: "Espere para ter filhos quando estiver na casa dos 40, 50 ou até 60 anos;

---

[26] Hochschild, Arlie. "Amor e Ouro". Trad. Lucas Faial Soneghet. Blog do Labemus, 2020. Disponível em: https://blogdolabemus.com/wp-content/uploads/2020/01/Amor-e-Ouro-Arlie-Hochschild.pdf.

[27] Bair, Jennifer. "On Difference and Capital". *Signs: Journal of Women in Culture and Society 36*, nº 1, 2010.

dedique seus anos de alta produtividade e energia a nós".²⁸ Um segundo desdobramento nos Estados Unidos também é sintomático da contradição entre reprodução e produção: a proliferação de bombas mecânicas caras e tecnológicas para extrair leite materno. Essa é a solução favorita de um país com alto índice de participação de mulheres na força de trabalho, sem garantia de direito a licença-maternidade ou parental remunerada e com um caso de amor com a tecnologia. Esse também é um país onde a moda é amamentar, mas de uma forma tão transformada que já se tornou irreconhecível. Não sendo mais uma questão de dar de mamar no peito, "amamentar" agora significa extrair o leite mecanicamente e armazená-lo para que uma babá dê mamadeira à criança mais tarde. Em um contexto de grave pobreza de tempo, a opção considerada mais desejável é a da bomba dupla automática, por permitir que uma pessoa dirija e extraia leite dos dois seios ao mesmo tempo.²⁹ Com pressões desse tipo, haveria alguma surpresa

---

²⁸ "Apple and Facebook Offer to Freeze Eggs for Female Employees". *The Guardian*, 15 de outubro de 2014. É importante dizer que esse benefício não é mais exclusividade da classe de profissionais de cargos técnicos e de gerência. O exército dos Estados Unidos já disponibiliza o congelamento de óvulos gratuitamente para mulheres que se alistarem em campanhas longas: "Pentagon to Offer Plan to Store Eggs and Sperm to Retain Young Troops". *The New York Times*, 3 de fevereiro de 2016. Aqui, a lógica do militarismo passa por cima daquela da privatização. Até onde sei, ninguém levantou a questão latente do que fazer com os óvulos de uma militar que morre em combate.

²⁹ Jung, Courtney. *Lactivism: How Feminists and Fundamentalists, Hippies and Yuppies, and Physicians and Politicians Made Breast-feeding Big Business and Bad Policy*. Nova York: Basic Books, 2015, esp. p. 130–1. Hoje, a Lei de Cuidado Acessível (conhecida

na explosão de lutas relacionadas à reprodução social nos últimos anos? As feministas do Norte em geral descrevem seu foco como o "equilíbrio entre família e trabalho".[30] Mas as lutas em torno da reprodução social compreendem muito mais: movimentos comunitários por moradia, saúde, segurança alimentar, renda básica incondicional e salário digno; lutas pelos direitos de migrantes, trabalhadoras domésticas e funcionários e funcionárias públicas; campanhas para sindicalizar quem trabalha no setor de serviços de casas de repouso, hospitais e creches com fins lucrativos; e lutas por serviços públicos como creches e serviços de cuidados para idosos, por jornadas de trabalho mais curtas e licença-maternidade e parental generosa. Juntas, essas demandas equivalem à exigência de uma imensa reorganização da relação entre produção e reprodução: por arranjos sociais que permitam que pessoas de todas as classes, gêneros,

---

como "*Obamacare*") do país exige que os planos de saúde forneçam bombas de tirar leite de graça às beneficiárias. Assim, esse benefício também deixa de ser prerrogativa exclusiva de mulheres privilegiadas. Disso decorre a criação de um imenso mercado para fabricantes que estão produzindo bombas em grandes volumes por meio de subcontratação de fábricas chinesas. Consulte Kliff, Sarah. "The Breast Pump Industry Is Booming, Thanks to Obamacare". *Washington Post*, 4 de janeiro de 2013.

[30] Belkin, Lisa. "The Opt-Out Revolution". *The New York Times*, 26 de outubro de 2003; Warner, Judith. *Mães que trabalham: a loucura perfeita: maternidade na era da ansiedade*. Campus, 2005; Miller, Lisa. "The Retro Wife". *New York*, 17 de março de 2013; Slaughter, Anne-Marie. "Why Women Still Can't Have It All". *Atlantic*, julho–agosto de 2012 e *Unfinished Business*. Nova York: Random House, 2015; Shulevitz, Judith. "How to Fix Feminism". *The New York Times,* 10 de junho de 2016.

sexualidades e cores combinem atividades de reprodução social com um trabalho seguro, interessante e bem-remunerado.

As lutas de fronteira em torno da reprodução social são tão centrais para a atual conjuntura quanto as lutas de classes (definidas de forma estrita) em torno da produção econômica. Elas respondem, acima de tudo, a uma "crise do cuidado" enraizada na dinâmica estrutural do capitalismo financeirizado. Globalizado e impulsionado pelo endividamento, esse capitalismo canibaliza sistematicamente as capacidades disponíveis para a sustentação de conexões sociais. Proclamando o novo ideal da família com dois provedores de renda, recupera movimentos por emancipação que se unem aos proponentes da mercadorização para se opor a quem toma partido da proteção social, agora de forma cada vez mais ressentida e chauvinista.

Outro capitalismo – ou novo feminismo socialista?

O que pode surgir a partir dessa crise? A sociedade capitalista se reinventou diversas vezes ao longo de sua história. Sobretudo em momentos de crise geral, quando convergem múltiplas contradições — políticas, econômicas, ecológicas e reprodutivas sociais —, as lutas de fronteira irromperam nos pontos onde estão as divisões institucionais constitutivas do capitalismo: onde a economia se encontra com a política; a sociedade, com a natureza; a expropriação, com a exploração; e a produção, com a reprodução. Nessas fronteiras, sujeitos sociais se mobilizaram para redesenhar o mapa institucional da sociedade capitalista. Seus esforços impulsionaram, primeiro, a transformação do capitalismo mercantil do início da era moderna para o capitalismo colonial liberal do século XIX. Depois, para o capitalismo administrado pelo Estado do século XX e, por fim, para o capitalismo financeirizado da era atual. Historicamente, também, a contradição social do capitalismo formou um elemento importante de precipitação de crises, pois a fronteira que dividia a reprodução social e a produção econômica surgiu como grande campo e aposta de luta. Em cada caso, a ordem de gênero da sociedade capitalista foi contestada e o resultado dependeu de alianças forjadas entre os principais polos de um movimento triplo: mercadorização, proteção social e emancipação. Essas dinâmicas impulsionaram a transformação, primeiro, de esferas separadas para o salário familiar e, depois, para a família de dois provedores.

O que virá da conjuntura atual? Seriam as contradições atuais do capitalismo financeirizado graves o suficiente para se caracterizar uma crise geral e deveríamos esperar outra grande mutação da sociedade capitalista? A crise atual estimulará lutas de envergadura e visão suficientes para transformar este regime? Será que uma nova forma de feminismo socialista conseguirá encerrar o caso de amor entre o movimento hegemônico e a mercadorização, forjando ao mesmo tempo uma nova aliança entre emancipação e proteção social — e, em caso positivo, com qual finalidade? Como a divisão reprodução-produção pode ser reinventada hoje e o que pode substituir a família de dois provedores?

Nada do que afirmei aqui serve diretamente para responder a essas perguntas. Mas ao preparar o terreno que nos permite fazê-las, busquei elucidar os alicerces estruturais e históricos da atual conjuntura. Sugeri, especificamente, que as raízes da "crise do cuidado" da atualidade estão na contradição social inerente do capitalismo — ou melhor, na forma aguda que essa contradição assume hoje, no capitalismo financeirizado. Se essa análise estiver correta, essa crise não será resolvida mexendo-se na política social. O caminho para sua resolução só pode passar por uma profunda transformação estrutural dessa ordem social. É necessário, acima de tudo, superar a subjugação gananciosa da reprodução à produção no capitalismo financeirizado — mas, desta vez, sem sacrificar nem a emancipação e nem a proteção social. E isso significa reinventar a distinção produção-reprodução e reimaginar a ordem de gênero. Resta saber se o resultado será de algum modo compatível com o capitalismo.

Também resta saber se e como conseguiremos vislumbrar uma nova ordem social que cultive a reprodução social sem canibalizar a natureza. Essa questão será absolutamente central no próximo capítulo.

4 Natureza no bucho: por que a ecopolítica deve ser transambiental e anticapitalista

A política climática ganhou notoriedade. Ainda que os bolsões de negacionismo sejam persistentes, atores políticos de diversas matizes estão se voltando para a questão. Uma nova geração de jovens ativistas insiste que estamos diante da ameaça mortal do aquecimento global. Repreendendo os mais velhos por terem roubado seu futuro, essa militância reivindica o direito e a responsabilidade de adotar todos os passos necessários para salvar o planeta. Ao mesmo tempo, movimentos pelo decrescimento ganham força. Convencidos de que os estilos de vida consumista estão nos levando ao abismo, buscam uma transformação nos modos de vida. Da mesma forma, comunidades indígenas no Norte e no Sul conquistam mais apoio para lutas que só recentemente foram reconhecidas como ecológicas. Há muito engajadas na defesa de seus habitats, meios e modos de vida contra a invasão colonial e o extrativismo corporativo, essas comunidades encontram hoje novas e novos aliados entre quem busca formas não instrumentais de se relacionar com a natureza. As feministas também estão infundindo um novo senso de urgência em preocupações ecológicas de longa data. Propondo conexões psico-históricas entre a ginofobia e o desprezo pelo planeta, defendem formas de vida que sustentem a reprodução, tanto social quanto natural. Enquanto isso, uma nova onda de ativismo antirracista coloca a injustiça ambiental na mira. Adotando uma visão abrangente do significado de "reduzir o financiamento da polícia", o Movimento por Vidas Negras [*Movement for Black Lives*] exige um redirecionamento substancial de recursos para comunidades não brancas, em parte para a limpeza de depósitos de resíduos tóxicos que destroem a saúde.

Mesmo os sociais-democratas, que nos últimos tempos foram cúmplices ou desmoralizados pelo neoliberalismo, estão encontrando uma vida nova na política climática. Reinventando-se como proponentes de um *Green New Deal*, buscam recuperar o apoio perdido da classe trabalhadora ao relacionar a transição para a energia renovável com empregos sindicalizados e bem-remunerados. E não se pode esquecer que vertentes do populismo de direita também estão adotando uma postura de matiz verde. Abraçando um chauvinismo econacional, propõem a preservação de espaços verdes e recursos naturais "próprios" excluindo os "outros" (racializados). Há também forças no Sul global engajadas em diversas frentes. Enquanto algumas reivindicam um "direito ao desenvolvimento", insistindo que o fardo da mitigação deve ficar com os poderes do Norte que vêm jorrando gases do efeito estufa há duzentos anos, outras defendem as práticas relacionadas aos comuns (*commoning*) ou uma economia social e solidária, enquanto ainda outras, vestindo o manto ambientalista, utilizam esquemas neoliberais de compensação de carbono para cercar terras, expulsar as pessoas que nelas vivem, e capturar novas formas de renda monopolista. Por fim, não esqueçamos, existem interesses financeiros e corporativos em jogo. Lucrando lindamente com o *boom* da especulação de eco*commodities*, há uma aposta não só econômica, mas também política, na garantia de que o regime climático global se mantenha centrado no mercado e favorável ao capital.

A ecopolítica se tornou, em uma palavra, onipresente. O tema das mudanças climáticas deixou de ser propriedade exclusiva de movimentos ambientais isolados e agora aparece como questão urgente que exige uma tomada de posição de todos os atores políticos. Incorporada em uma série de agendas divergentes, a questão ganha inflexões diversas segundo compromissos discordantes aos quais se associa. O resultado disso é uma discórdia turbulenta sob um consenso superficial. Por um lado, há um número crescente de pessoas que hoje veem o aquecimento global como uma ameaça à vida como a conhecemos no planeta Terra. Por outro, elas não compartilham entre si uma visão comum sobre as forças sociais que conduzem a esse processo, nem sobre as mudanças sociais necessárias para interrompê-lo. Concordam (em maior ou menor grau) na ciência, mas discordam (em maior ou menor grau) na política.

Na realidade, os termos "concordar" e "discordar" são insípidos demais para captar a conjuntura real. A ecopolítica da atualidade se desdobra e é marcada por uma crise histórica. Uma crise da ecologia, sem dúvida, mas também da economia, da sociedade, da política e da saúde pública — ou seja, uma *crise geral* cujos efeitos se espalham em metástase por todos os lados, abalando a confiança nas visões de mundo estabelecidas e nas elites dominantes. Disso decorre uma crise da hegemonia e uma perturbação do espaço público. Não mais domada por uma lógica dominante que embarga opções não convencionais, a esfera política se torna agora lugar de uma busca frenética não só por políticas melhores, mas por novos projetos políticos e modos de vida. Aglutinando-se muito antes do irrompimento da Covid-19, mas agravadíssima por ela, essa atmosfera agitada permeia a ecopolítica, que forçosamente se desenrola dentro dela. Do mesmo modo, a discórdia climática fica carregada não "só" porque o destino do planeta é incerto, nem "só" porque o tempo é curto, mas também porque o clima político está destroçado pela turbulência.

Nessa conjuntura, proteger o planeta exige a construção de uma contra-hegemonia. Em outras palavras, é necessário solucionar a atual cacofonia de opiniões para chegar a uma lógica que possa orientar um projeto de transformação amplamente compartilhado. Decerto, essa lógica deve atravessar a massa de visões conflitantes e identificar exatamente o que na sociedade deve ser transformado para interromper o aquecimento global — relacionando, com efeito, as conclusões fidedignas da ciência climática com uma análise igualmente fidedigna dos fatores sócio-históricos que conduzem às mudanças climáticas. No entanto, para se tornar contra-hegemônica, a nova lógica deve transcender a questão "meramente ambiental". Pautando toda a dimensão de nossa crise geral, deve relacionar seu diagnóstico ecológico com outras preocupações vitais, incluindo a insegurança de meios de vida e a negação de direitos trabalhistas; o desinvestimento público na reprodução social e a subvalorização crônica do trabalho de cuidado; a opressão étnico-racial-imperial e a dominação de gênero e sexo; a despossessão, expulsão e exclusão de migrantes; e a militarização, o autoritarismo político e a violência policial. É nítido que essas preocupações estão entrelaçadas e são exacerbadas pelas mudanças climáticas. Mas a nova lógica deve evitar o "ecologismo" reducionista. Longe de tratar o aquecimento global como um trunfo que passa por cima de todo o resto, é preciso localizar as dinâmicas sociais subjacentes a essa ameaça que também impulsionam outras partes da crise da atualidade. Será apenas enfrentando *todas* as grandes facetas dessa crise — tanto "ambientais" quanto "não ambientais" — e expondo as conexões entre elas que poderemos vislumbrar um bloco contra-hegemônico que apoie um projeto comum e tenha peso político para efetivamente levá-lo adiante.

Essa é uma tarefa hercúlea, com certeza. Mas o que a coloca no campo do possível é uma "feliz coincidência": todos os caminhos levam a uma ideia — a saber, ao capitalismo. O capitalismo, no sentido definido nos capítulos anteriores e ampliado neste, representa o fator sócio-histórico que impulsiona as mudanças climáticas e, logo, a principal dinâmica institucionalizada que deve ser desmantelada para combatê-las. Mas o capitalismo, assim definido, também está profundamente implicado em formas de injustiça social de aparência não ecológica, da exploração de classe à opressão racial-imperial e à dominação de gênero e sexo. E o capitalismo também é central nos impasses sociais que aparentam não ser ecológicos: nas crises do cuidado e da reprodução social; do setor financeiro, das cadeias de suprimento, dos salários e do trabalho; da governança e da desdemocratização. Portanto, o anticapitalismo pode — e com efeito *deve* — se tornar o motivo organizador central de uma nova lógica. Expondo as relações entre diversos aspectos da injustiça e da irracionalidade, ele representa a chave para o desenvolvimento de um poderoso projeto contra-hegemônico de transformação ecossocial.

Essa, de qualquer forma, é a tese que defenderei neste capítulo. Desenvolvo-a em três níveis. A princípio, no nível estrutural, sustento que o capitalismo, quando corretamente compreendido, abriga uma profunda contradição ecológica, que o inclina à crise ambiental. Mas essa contradição está entrelaçada com várias outras, igualmente endêmicas ao capitalismo, e não pode ser abordada de modo adequado se for abstraída delas. Depois, passando para o registro histórico, delineio as formas específicas que a contradição ecológica do capitalismo assumiu nas diversas fases do desenvolvimento do sistema, incluindo até a atualidade.

Em contraste com o ecologismo estrito, essa história expõe o entrelaçamento que atravessa a ecocrise e a ecoluta com outros componentes da crise e da luta, da qual nunca se separaram na totalidade nas sociedades capitalistas. Por fim, voltando-me ao nível político, sustento que a ecopolítica deve hoje transcender o "meramente ambiental", tornando-se antissistêmica em todos os sentidos. Destacando o entrelaçamento do aquecimento global com outros componentes prementes de nossa crise geral, argumento que os movimentos verdes devem se tornar *transambientais*, posicionando-se como participantes de um bloco contra-hegemônico mais amplo, centrado no anticapitalismo, que pode, ao menos em princípio, salvar o planeta.

A contradição ecológica do capitalismo: um argumento estrutural

O que significa afirmar que o capitalismo é o principal fator sócio-histórico que impulsiona o aquecimento global? Em um nível, esse argumento é empírico, uma afirmação de causa e efeito. Ao contrário das usuais referências vagas a "mudanças climáticas antropogênicas", a culpa é atribuída não à "humanidade" em geral, mas à classe de empresários que, movidos pelo lucro, arquitetaram o sistema de produção e transporte por combustíveis fósseis liberando uma enxurrada de gases do efeito estufa na atmosfera. Trata-se de um argumento que defenderei empiricamente mais adiante, quando passar à parte histórica de minha argumentação. Mas há mais em operação aqui para além da causalidade histórica. O capitalismo, como o compreendo, impulsiona o aquecimento global não por acidente, mas em virtude de sua própria estrutura. É essa afirmação forte e sistemática, e não sua prima empírica mais frágil, que elaborarei agora.

Começo evitando um possível mal-entendido. Afirmar que o capitalismo impulsiona as mudanças climáticas de modo não acidental *não é* dizer que as crises ecológicas acontecem apenas em sociedades capitalistas. Pelo contrário, muitas sociedades pré-capitalistas pereceram em consequência de impasses ambientais, incluindo alguns produzidos por elas próprias — como quando antigos impérios arruinaram as terras agrícolas de que dependiam com desmatamento ou incapacidade de fazer a rotação de culturas. Do mesmo modo, algumas sociedades autoproclamadas pós-capitalistas provocaram danos ambientais severos pelo implacável cotidiano da queima de carvão e de espetaculares desastres insólitos como Chernobil. Esses casos mostram que a devastação ecológica não é singular ao capitalismo.

O que *é* singular, no entanto, é o caráter estrutural da conexão entre crise ecológica e sociedade capitalista. As ecocrises pré-capitalistas ocorreram a despeito de cosmovisões "favoráveis à natureza" e em grande medida em virtude da ignorância — por exemplo, por não se conseguir antever as consequências do desmatamento e do cultivo excessivo. Esses efeitos poderiam ter sido evitados — e por vezes foram — por um aprendizado social que levasse a transformações na prática social. Não havia nada nas dinâmicas inerentes dessas sociedades que exigia as práticas que provocaram esses danos. O mesmo se dá nas sociedades que se proclamam pós-capitalistas. "Socialismos realmente existentes", tendo como paradigma a União Soviética, praticaram regimes industriais e agrícolas insustentáveis, envenenando a terra com agrotóxicos e conspurcando o ar com CO_2. Claro, ao contrário de seus antecessores pré-capitalistas, suas práticas se alinhavam a cosmovisões que não eram de modo algum "favoráveis à natureza" e suas ações foram moldadas por compromissos ideológicos que impunham o "desenvolvimento das forças produtivas". O crucial, contudo, é que nem essas visões de mundo nem esses compromissos surgiram de dinâmicas *internas* ao socialismo. Suas raízes, ao contrário, estão no solo geopolítico em que esses socialismos germinaram: em um sistema-mundo estruturado pela competição com sociedades capitalistas, pela mentalidade extrativista de "correr atrás" fomentada nesse ambiente e pelos modelos de megaindustrialização com combustíveis fósseis favorecidas por ele. Afirmar isso não significa ignorar a responsabilidade dos governantes dessas sociedades — eles serão para sempre culpáveis pelas decisões desastrosas tomadas em meios burocrático-autoritários saturados de medo e obcecados com o sigilo, qualidades que cultivavam deliberadamente. A questão é que não há nada na natureza da sociedade socialista que exige tais meios e tais decisões. Na ausência de restrições externas e deformações internas predominantes, essas sociedades poderiam, em princípio, desenvolver padrões sustentáveis de interação com a natureza não humana.

Não se pode dizer o mesmo de sociedades capitalistas. Elas são distintas dos outros sistemas sociais conhecidos por imbuírem uma profunda tendência à crise ecológica em seu próprio cerne. Como explicarei, as sociedades capitalistas estão prontas para gerar crises ambientais recorrentes ao longo de sua história. Ao contrário daqueles de outras sociedades, seus impasses ecológicos não podem ser resolvidos com incremento de conhecimento ou boa-fé ambientalista. O que se exige é uma transformação estrutural profunda.

Para entender o motivo disso, precisamos revisitar o conceito de capitalismo. Como vimos nos capítulos anteriores, o capitalismo não é um sistema econômico, mas algo maior. Mais do que uma forma de organizar a produção e a troca econômica, é também uma forma de organizar a *relação* de produção e troca com suas *condições não econômicas de possibilidade*. Compreende-se bem em muitos setores que as sociedades capitalistas institucionalizam um campo econômico dedicado — o campo de uma abstração conhecida como "valor" —, onde as mercadorias são produzidas em meios de produção privados com a exploração de trabalhadores e trabalhadoras assalariados e vendidas por empresas privadas em mercados que fixam preços, tudo com o objetivo de gerar lucros e acumular capital. No entanto, o que muitas vezes se ignora é que esse campo é constitutivamente dependente — parasita, pode-se dizer — de uma variedade de atividades sociais, capacidades políticas e processos naturais definidos nas sociedades capitalistas como não econômicos. Sem nenhuma atribuição de "valor" e posicionados do lado de fora, eles constituem as pressuposições indispensáveis da economia. Decerto, como argumentei no capítulo 3, a produção de mercadorias seria inconcebível sem as atividades não assalariadas de reprodução social que formam e sustentam os seres humanos que realizam o trabalho assalariado. Do mesmo modo, como veremos no capítulo 5, essa produção não existiria sem as ordens jurídicas, as forças repressivas e os bens públicos que sustentam a propriedade privada e a troca contratual. Por fim, como explicarei em detalhe aqui, nem o lucro nem o capital seriam possíveis separados dos processos naturais que garantem a disponibilidade de insumos vitais, incluindo matérias-primas e fontes de energia. Condições essenciais para uma economia capitalista, essas instâncias "não econômicas" não são externas ao capitalismo, mas elementos indispensáveis dele. As concepções do capitalismo que as omitem são ideológicas. Equiparar o capitalismo com sua economia é reproduzir a autocompreensão economicista própria do sistema e, assim, perder a chance de interrogá-lo criticamente. Para adquirir uma perspectiva crítica, devemos entender o capitalismo de modo mais amplo: como uma ordem social institucionalizada que compreende não somente a "economia", mas também as atividades, as relações e os processos definidos como não econômicos que possibilitam a economia.

O que se ganha com essa revisão é a capacidade de se examinar algo crucial: *a relação estabelecida nas sociedades capitalistas entre a economia e seus "outros"* — incluindo o outro vital conhecido como "natureza". Em seu cerne, essa relação é contraditória e propensa à crise. Por um lado, a economia do sistema é constitutivamente dependente da natureza, tanto como fonte de onde saem os insumos da produção quanto como escoadouro por onde seus resíduos escorrem. Ao mesmo tempo, a sociedade capitalista institui uma gritante divisão entre os dois "reinos", construindo a economia como um campo de ação humana criativa que gera valor, enquanto posiciona a natureza no reino das coisas, desprovida de valor, mas que se repõe infinitamente e está de modo geral disponível para ser processada na produção de mercadorias.

Esse abismo ontológico pega fogo quando o capital entra no bolo. Abstração monetizada arquitetada para a "autovalorização", o capital comanda a acumulação sem fim. Disso decorre o incentivo para que os proprietários determinados a maximizar os lucros convoquem as "dádivas da natureza" da forma mais barata possível, quando não absolutamente de graça, absolvendo-se, ao mesmo tempo, de qualquer obrigação de repor o que foi tomado e reparar o que danificaram. Os danos são o avesso dos lucros. Descontados os custos da reprodução ecológica, todos os grandes insumos para a produção e circulação capitalista são imensamente barateados — não "apenas" matéria-prima, energia e transporte, mas também o trabalho, pois os salários caem com o custo de vida quando o capital arranca alimentos da natureza a baixo custo. Em todo caso, os capitalistas se apropriam das economias na forma de lucro, enquanto transferem os custos ambientais àqueles que precisam viver — e morrer — de suas consequências, incluindo as futuras gerações de seres humanos.

Desse modo, mais do que uma relação com o trabalho, *o capital também é uma relação com a natureza*, uma relação extrativa e canibal que consome cada vez mais a riqueza biofísica para acumular cada vez mais "valor" enquanto denega as "externalidades" ecológicas. O que também se acumula, de modo não acidental, é o volume sempre crescente de estrago ecológico: atmosfera inundada de emissões de carbono; aumento das temperaturas, esfacelamento das plataformas polares de gelo, aumento do nível de mares, entupidos de ilhas de plástico; extinções em massa, declínio da biodiversidade, migrações de organismos e patógenos provocadas pelas condições climáticas, aumento do transbordamento zoonótico de vírus letais; supertempestades, megassecas, enxames de gafanhotos, incêndios florestais colossais, inundações titânicas; zonas mortas, terras envenenadas, ar irrespirável. Sistematicamente equipada para se aproveitar da natureza que de fato não consegue se repor de forma ilimitada, a economia capitalista está sempre à beira de desestabilizar suas próprias condições ecológicas de possibilidade.

Aqui, com efeito, há uma contradição ecológica alojada no coração da sociedade capitalista, na relação que essa sociedade estabelece entre a economia e a natureza. Profundamente arraigada na estrutura do sistema, essa contradição é sintetizada em quatro palavras que começam com a letra *d*: dependência, divisão, denegação e desestabilização. Em suma: a sociedade capitalista faz com que a "economia" *dependa* da "natureza" enquanto as *divide* ontologicamente. Impondo a máxima acumulação de valor e, ao mesmo tempo, definindo a natureza como não participante disso, esse arranjo programa a economia para *denegar* os custos da reprodução ecológica que gera. Como esses custos aumentam exponencialmente, o efeito disso é *desestabilizar* ecossistemas e, periodicamente, perturbar toda a construção mal-ajambrada da sociedade capitalista. Ao necessitar da natureza e depreciá-la ao mesmo tempo, o capitalismo é também, nesse sentido, um canibal que devora seus próprios órgãos vitais. Assim como o Ouroboros, ele devora a própria cauda.[1]

A contradição também pode ser formulada em termos de poder de classe. Por definição, as sociedades capitalistas transferem ao capital — ou melhor, àqueles dedicados a sua acumulação — a tarefa de organizar a produção. É a classe dos capitalistas aquela autorizada pelo sistema a extrair matérias-primas, gerar energia, determinar o uso da terra, arquitetar sistemas alimentares, bioprospectar medicamentos e descartar resíduos, efetivamente cedendo a essa classe a maior fatia do controle sobre água e ar, solo e minérios, flora e fauna, florestas e

---

[1] Devo minha análise da contradição ecológica do capitalismo à teorização pioneira da "segunda contradição do capitalismo", elaborada por James O'Connor. O autor abriu caminhos ao se basear no pensamento de Karl Polanyi para conceituar as "condições de produção" e a tendência do capital de desacreditá-las. Consulte O'Connor, James. "The Second Contradiction of Capitalism, with an Addendum on the Two Contradictions of Capitalism" em *Natural Causes: Essays in Ecological Marxism*. Nova York: Guilford, 1998, p. 158–77. John Bellamy Foster aponta corretamente alguns aspectos reducionistas na análise de O'Connor em "Capitalism and Ecology: The Nature of the Contradiction". *Monthly Review 54*, nº 4, 2002, p. 6–16. Mas esses aspectos não são essenciais para a visão central de O'Connor e não têm nenhum papel na minha adaptação de suas contribuições.

oceanos, atmosfera e clima. Ou seja, sobre todas as condições básicas da vida no planeta. Assim, as sociedades capitalistas concedem a uma classe com forte motivação para destruir a natureza o poder de administrar nossas relações com ela.

É verdade que os governos às vezes intervêm *post hoc* para atenuar os danos, mas sempre como reação, no modo correr atrás, e sem perturbar as prerrogativas dos proprietários. Como estão sempre um passo atrás dos emissores de gases do efeito estufa, as regulações ambientais são subvertidas com facilidade pelos jeitinhos encontrados pelas empresas para controlá-las. E como deixam intactas as condições estruturais que autorizam as empresas privadas a organizar a produção, não se altera o fato fundamental: o sistema dá aos capitalistas motivo, meios e oportunidade para brutalizar o planeta. São eles, e não os seres humanos em geral, que nos deram o aquecimento global — mas não por acaso, nem por simples ganância. Na verdade, a dinâmica que rege suas ações e levou a esse resultado está alicerçada na própria estrutura da sociedade capitalista.

Qualquer que seja a formulação com que comecemos, a conclusão a que chegaremos será a mesma: as sociedades organizadas de modo capitalista carregam uma contradição ecológica no DNA. Elas são equipadas para precipitar "catástrofes naturais", que ocorrem periodicamente, mas não de modo acidental, ao longo de sua história. Assim, essas sociedades abrigam uma tendência intrínseca à crise ecológica. Elas geram vulnerabilidades ecossistêmicas de forma contínua como parte indissociável de seu *modus operandi*. Embora não sejam sempre agudas nem mesmo aparentes, as vulnerabilidades se acumulam ao longo do tempo até que um ponto crítico é atingido e o estrago se torna evidente.

Contradições intrincadas

Afirmar que o problema ecológico do capitalismo é estrutural é afirmar que não podemos salvar o planeta sem incapacitar algumas características centrais e definidoras de nossa ordem social. O necessário, antes de mais nada, é arrancar o poder de ditar nossa relação com a natureza da classe que hoje a monopoliza para conseguirmos começar a reinventar a relação do zero. Mas isso exige desmantelar o sistema que sustenta esse poder: as forças militares e as formas de propriedade, a ontologia perniciosa do "valor" e a dinâmica implacável da acumulação, sendo que todas operam em conjunto para impulsionar o aquecimento global. A ecopolítica deve, em suma, ser anticapitalista.

Essa conclusão já é por si só conceitualmente potente. Mas ainda não conta a história toda. Para completar esse cenário, precisamos considerar outras características estruturais da sociedade capitalista que também impactam a natureza e as lutas ao seu redor. Aqui é crucial um aspecto a que aludi anteriormente: a natureza não é a única condição não econômica de fundo para a economia capitalista, nem o único ponto de crise na sociedade capitalista. Na verdade, como já apontado, a produção capitalista depende igualmente de pré-requisitos reprodutivos sociais e políticos. E esses arranjos também são contraditórios, não menos que os arranjos em torno da natureza. Tendo a mesma importância, interagem com esta de formas que ignoramos por nossa conta e risco. E também devem ser incluídos em uma teoria ecocrítica da sociedade capitalista.

Considere as condições de reprodução social de uma sociedade capitalista. Aqui também o capitalismo organiza mais do que apenas a produção. Conforme argumentei extensamente no capítulo 3, o capitalismo também estrutura as relações entre produção e as diversas formas de trabalho de cuidado realizadas por comunidades e famílias, sobretudo pelas mulheres, mas não somente por elas. Sustentando os seres humanos que constituem a "mão de obra" e forjando os laços sociais que possibilitam a cooperação, o trabalho de cuidado é indispensável para qualquer sistema de provimento social. Mas a forma característica do capitalismo de organizá-lo é tão contraditória quanto sua forma de organizar a natureza. Aqui também, o sistema funciona por separação — neste caso, separando a produção da reprodução e tratando a primeira isoladamente como *locus* do valor. Disso decorre que a economia é autorizada a se aproveitar livremente da sociedade, canibalizar o trabalho de cuidado sem reposição, exaurir as energias necessárias para oferecê-lo e, assim, pôr em risco uma condição essencial de sua própria possibilidade. Aqui também, portanto, a tendência à crise está alojada no coração da sociedade capitalista — neste caso, uma tendência à crise da reprodução social.

Há uma contradição análoga no encalço da relação entre o "econômico" e o "político" na sociedade capitalista. Por um lado, sua economia depende necessariamente de uma variedade de apoios políticos: das forças repressivas que contêm a divergência e fazem valer a ordem; dos sistemas jurídicos que garantem a propriedade privada e autorizam a acumulação; de múltiplos bens públicos que possibilitam a operação de empresas privadas de forma lucrativa. Sem essas condições políticas, uma economia capitalista não poderia existir. Mas a forma como o capitalismo relaciona economia e política também é autodesestabilizante. Separando o poder privado do capital do poder público dos Estados, esse arranjo incentiva o sucateamento deste por aquele. As empresas cuja razão de ser é a acumulação infinita têm todos os motivos do mundo para praticar evasão fiscal, enfraquecer regulações, privatizar bens públicos e levar suas operações para paraísos fiscais canibalizando, assim, os pré-requisitos políticos de sua própria existência. Pronta neste caso para devorar a própria cauda, a sociedade capitalista também guarda uma profunda tendência à crise política, que exploraremos de forma mais detalhada no próximo capítulo.

Assim, existem aqui duas outras contradições do capital, que também seguem a lógica das quatro *D*s — divisão, dependência, denegação e desestabilização. Consideradas sob essa ótica, como abstrações analíticas, elas expressam um paralelo próximo com a contradição ecológica dissecada aqui. Mas essa formulação engana. As três contradições não operam de fato em paralelo, mas sim *interagem* entre si e com as contradições econômicas diagnosticadas por Marx. Na verdade, as interações entre elas são tão íntimas e mutuamente constitutivas que nenhuma pode ser compreendida em sua totalidade se for isolada das demais.

Considere que o trabalho de reprodução social diz profundamente respeito a questões de vida e morte. O cuidado das crianças compreende não apenas a socialização, a educação e o acolhimento emocional, como também a gestação, o parto, a atenção pós-natal aos corpos e a contínua proteção física. Do mesmo modo, o cuidado com as pessoas doentes e próximas da morte é focado na cura de corpos e alívio da dor, assim como na promoção do conforto e na garantia da dignidade. E todas as pessoas, jovens e velhas, doentes e sadias, dependem do trabalho de cuidado para manter abrigo, nutrição e higiene tanto pelo bem-estar físico quanto pela conexão social. Dessa maneira, o trabalho da reprodução social busca sustentar, assim, os seres que são a um só tempo naturais e culturais. Confundindo essa distinção, administra a interface de sociabilidade e biologia, comunidade e habitat.

A reprodução social está, portanto, intimamente intricada com a reprodução ecológica — é por esse motivo que tantas crises daquela também são crises desta e que tantas lutas pela natureza também são lutas por modos de vida. Ao desestabilizar os ecossistemas que asseguram os habitats humanos, o capital coloca em risco o cuidado, os meios de vida e as relações sociais que o sustentam ao mesmo tempo. Quando as pessoas contra-atacam, em contrapartida, em geral é para defender toda a lógica ecossocial a um só tempo, como se desafiassem a autoridade das divisões do capitalismo. Teóricos e teóricas ecocríticos devem seguir esse exemplo. Não chegaremos a uma compreensão adequada da contradição ecológica do capitalismo se não pensarmos nela em conjunto com sua contradição da reprodução social. Embora o sistema opere para separar natureza e cuidado da economia, simultaneamente aciona profundas interações entre elas. Essas interações merecem um lugar de destaque na teoria ecocrítica da sociedade capitalista.

O mesmo argumento se sustenta para o ecológico e o político, que também têm ligações íntimas na sociedade capitalista. São os poderes públicos, em geral os Estados, que suprem as forças jurídicas e militares que possibilitam que o capital exproprie a riqueza natural de graça ou a baixo custo. E é aos poderes públicos que as pessoas recorrem quando a ameaça dos danos ecológicos se torna tão imediata que fica impossível ignorá-las. São os Estados, em outras palavras, que recebem das sociedades capitalistas a tarefa de policiar a fronteira entre economia e natureza: com a promoção ou contenção do "desenvolvimento", com a regulação ou desregulação das emissões; com a decisão sobre onde serão os depósitos de resíduos tóxicos, se e como atenuar seus efeitos, quem proteger e quem deixar no caminho dos prejuízos.

As lutas em torno da relação entre economia e natureza são, desse modo, inevitavelmente políticas em muitos sentidos. Muitas vezes com foco nas políticas concretas que os Estados aplicam ou deveriam buscar para proteger a natureza da economia, essas lutas em geral se transformam em conflitos pelos limites do poder público, por seu direito e capacidade de refrear o poder privado (corporativo). Nessas lutas também está em jogo a jurisdição: a escala e agência adequada para intervir em questões como o aquecimento global que, por definição são transterritoriais. Está também em questão a gramática da natureza: os sentidos sociais atribuídos a ela, nosso lugar nela e nossa relação com ela. Por fim, como veremos no capítulo 5, o que paira por trás de cada ecodisputa é a importantíssima pergunta metapolítica: quem, exatamente, deve determinar essas questões? Portanto, em todos os níveis, a articulação natureza-economia é política. Não é possível entender a dimensão ecológica da atual crise do capitalismo sem compreender suas interações com o componente político. Também não se pode esperar resolver a primeira sem também resolver a segunda.

Por fim, o ecológico também está intricado com a divisão constitutiva do capitalismo entre exploração e expropriação. Como vimos no capítulo 2, essa divisão corresponde, grosso modo, à linha de cor global, separando populações cujos custos de reprodução social são absorvidos pelo capital, com o pagamento de salários capazes de arcar com sua sobrevivência, daquelas que tem seu trabalho e sua riqueza simplesmente confiscados com pouca ou nenhuma remuneração. Enquanto as primeiras estão posicionadas como cidadãs livres e sujeitos de direito capazes de acessar (ao menos algum nível de) proteção política, as segundas são constituídas como populações sujeitadas dependentes ou não livres, escravizadas ou colonizadas, incapazes de recorrer à proteção estatal e destituídas de todos os meios de autodefesa. Essa distinção sempre foi central para o desenvolvimento capitalista, da era da escravização racializada no Novo Mundo àquela do colonialismo direto, ao neoimperialismo pós-colonial e à financeirização. Em cada caso, a expropriação de algumas pessoas serviu como condição que possibilita a exploração lucrativa de outras. A denegação dessa estrutura é central para a própria narrativa do capitalismo e ajuda a garantir sua continuidade.

A expropriação também serviu como método para o capital acessar energia e matéria-prima a baixo custo, quando não de graça. O sistema se desenvolve, em parte, anexando fatias da natureza sem pagar por sua reprodução. No entanto, ao se apropriar da natureza, o capital expropria, ao mesmo tempo, as comunidades humanas para as quais a matéria confiscada e as cercanias conspurcadas constituem habitat, meios de vida e matéria base de sua reprodução social. Assim, essas comunidades assumem uma fatia desproporcional do peso ambiental global; e sua expropriação garante a outras comunidades ("mais brancas") a chance de se protegerem, pelo menos por um tempo, dos piores efeitos da canibalização da natureza pelo capital. A tendência inerente do sistema à crise ecológica está, desse modo, intimamente relacionada a sua tendência inerente de criar populações racialmente marcadas para a expropriação. Nesse caso também, a teoria ecocrítica não pode compreender a primeira de forma adequada se dissociá-la da segunda.

No todo, a contradição ecológica do capitalismo não pode ser separada com precisão das outras irracionalidades e injustiças constitutivas do sistema. Ignorar estas últimas adotando uma perspectiva ecologista reducionista de ambientalismo estrito significa ignorar a estrutura institucional característica da sociedade capitalista. Separando a economia não só da natureza, mas também do Estado, do cuidado e da expropriação racial-imperial, essa sociedade institui um emaranhamento de contradições que interagem entre si. E a teoria crítica deve investigá-las em conjunto, em um único enquadramento.

Essa conclusão recebe ainda outra sustentação quando passamos nosso foco à história.

Três formas de falar sobre a "natureza"

Primeiro, contudo, há algo a ser dito sobre "natureza". Amplamente reconhecido como evasivo, esse termo apareceu nas páginas anteriores em dois sentidos diferentes, que agora proponho desagregar antes de introduzir um terceiro. Ao falar do aquecimento global como uma realidade bruta, assumi a "natureza" como objeto estudado pela ciência climática: uma natureza que "revida" quando os sumidouros de carbono inundam, operando por processos biofísicos que prosseguem pelas nossas costas com ou sem nosso entendimento. Essa concepção científica-realista — chamemo-na de Natureza I — está em desacordo com outro sentido que invoquei para explicar a contradição ecológica do capitalismo. Ali, a "natureza" foi referida do ponto de vista do capital como o outro ontológico da "Humanidade": uma coleção de coisas destituída de valor, mas que se repõe e é apropriável como meio para o fim de expansão de valor do sistema. Essa concepção — chamemo-na de Natureza II — é uma construção do capitalismo, historicamente específica ao sistema, mas de modo algum uma simples ficção ou mera ideia. Operacionalizada na dinâmica de acumulação de capital, que prossegue de forma sistemática independentemente do nosso entendimento, o capitalismo tornou-se uma força potente com consequências práticas momentosas para a Natureza I. Muito do meu argumento até esse momento buscou iluminar o sequestro catastrófico da Natureza I pela Natureza II na sociedade capitalista.

Ao nos voltarmos para a história, agora, preparamo-nos, no entanto, para encontrar ainda outra concepção de natureza.

Esta, a Natureza III, é um objeto estudado pelo materialismo histórico: concreta e mutável ao longo do tempo, sempre já marcada por interações metabólicas anteriores entre seus elementos humanos e não humanos. Essa natureza intricada com a história humana toma forma por ela e a ela dá forma. Vemos isso na transformação de planícies biodiversas em terras agrícolas dominadas pelo monocultivo; na substituição de florestas primárias pelo reflorestamento; na destruição de florestas tropicais para abrir espaço para a mineração e a criação de gado; na preservação de "áreas de natureza selvagem" e recuperação de áreas úmidas; na criação de animais e sementes geneticamente modificadas; nas migrações de espécies induzidas pelo clima e pelo "desenvolvimento" e que desencadeiam transbordamentos zoonóticos de vírus — para citar exemplos da (relativamente curta) fase capitalista da história do planeta. O pensador ecomarxiano Jason W. Moore evoca a ideia da Natureza III ao propor a substituição do singular "Natureza", em maiúscula, pelo plural em minúscula, "naturezas históricas".[2] Utilizarei a expressão de Moore a seguir, junto do adjetivo "socioecológicas", para retratar a interface sociedade-natureza

---

[2] Moore, Jason W. *Capitalism in the Web of Life: Ecology and the Accumulation of Capital*. Londres e Nova York: Verso, 2015. Infelizmente, parece que Moore supõe que a Natureza III pode simplesmente substituir a Natureza I, a qual rejeita como sendo "cartesiana". Essa suposição é politicamente incapacitante, pois invalida, com efeito, a ciência climática. Também é confusa do ponto de vista conceitual. Como explico abaixo, essas concepções de natureza não são incompatíveis, na verdade, e podem ser mobilizadas em conjunto. Sobre minhas divergências com Moore, consulte Fraser, Nancy e Jaeggi, Rahel. *Capitalismo em debate: uma conversa na teoria crítica*. Trad. Nathalie Bressiani. São Paulo: Boitempo, 2020.

como uma articulação histórico-interativa — articulação que o capital tentou controlar e agora ameaça obliterar.

Essa terceira concepção de natureza, inextricavelmente entrelaçada com a história humana, será central na próxima etapa de minha argumentação, que situa historicamente a contradição ecológica do capitalismo. Mas esse foco não exclui nem invalida de modo algum a Natureza I e a Natureza II. Ao contrário do que afirma Moore, essas duas concepções são legítimas e compatíveis com a Natureza III.[3] E as duas encontrarão lugar em minha narrativa, como forças históricas objetivas que operam pelas nossas costas e como crenças (inter)subjetivas que motivam nossas ações. Veremos também que as crenças colidem não apenas entre si, mas com outras compreensões subalternas de uma natureza que também têm capacidade de "revidar" — neste caso, pela luta social e a ação política. Em suma, precisamos das três concepções de natureza operando articuladamente para mapear a trajetória histórica da contradição ecológica do capitalismo.

---

[3] As três concepções de Natureza devem ser utilizadas. Cada uma pertence a um nível diferente de análise e gênero de investigação: a Natureza I pertence à ciência biofísica; a Natureza II, à análise estrutural da sociedade capitalista; a Natureza III, ao materialismo histórico. Bem compreendidas, elas não se contradizem. A aparência de contradição surge apenas quando não se distinguem os níveis e se confundem as concepções. Assim, o atual debate entre realistas críticos e construtivistas sociais (ou "anticartesianos") está muito mal colocado. Cada lado se apega a uma concepção e a totaliza de forma ilegítima, excluindo injustamente as demais. Cf. Malm, Andreas. *The Progress of This Storm: Nature and Society in a Warming World*. Londres e Nova York: Verso, 2018.

Regimes socioecológicos de acumulação

Até aqui, elaborei a tendência à crise ecológica do capitalismo em termos estruturais, como se existissem fora do tempo. Na verdade, entretanto, essa tendência se expressa apenas de formas historicamente específicas ou, nos termos que colocarei, em "regimes socioecológicos de acumulação". Utilizo essa expressão para designar as diversas fases que, em sucessão, formam a história do capitalismo. Cada regime representa um modo distinto de organizar a relação economia/natureza e cada um deles apresenta métodos característicos de geração de energia, extração de recursos e descarte de resíduos. Do mesmo modo, os regimes apresentam trajetórias distintas de expansão — formas de anexar partes antes externas da natureza por meio de combinações historicamente específicas de conquista, roubo, mercantilização, nacionalização e financeirização. Por fim, os regimes desenvolvem estratégias características para externalizar e administrar a natureza: métodos para despejar os estragos nas famílias e comunidades que não têm influência política e são consideradas descartáveis; e esquemas para distribuir a responsabilidade pela mitigação entre Estados, organizações intergovernamentais e mercados. Assim, o que distingue um regime é o limite que ele estabelece entre economia e natureza e como operacionaliza essa divisão. Como veremos, os sentidos concretos que um regime atribui à natureza — na teoria e na prática — são igualmente importantes.

Nenhuma dessas questões é dada de uma só vez com o advento do capitalismo. Ao contrário, elas se transformam historicamente, em geral, em tempos de crise. São nesses momentos que os efeitos da contradição ecológica do capitalismo que foram fermentando se tornam tão aparentes e insistentes a ponto de não poderem mais ser manobrados ou ignorados. Quando isso acontece, a organização da relação economia/natureza estabelecida parece disfuncional, injusta, não rentável ou insustentável e passa a ficar sujeita a contestação. Isso incita lutas amplas entre blocos políticos rivais, com projetos concorrentes, que buscam defender ou transformar essa relação. Quando não terminam em impasse, essas lutas podem instalar um novo regime socioecológico. Uma vez estabelecido, o novo regime proporciona um alívio temporário, superando ao menos alguns dos empecilhos do antecessor e, ao mesmo tempo, incubando novos entraves próprios, cujos efeitos aparecerão mais tarde com o seu amadurecimento. Esse resultado é garantido, infelizmente, na medida em que o novo regime não consegue superar a tendência à crise ecológica, intrínseca ao capitalismo, e apenas a desarma ou desloca com a criatividade que for.

De qualquer forma, esse é o cenário que tem prevalecido até os dias atuais. Como resultado, a história do capitalismo pode hoje ser vista como uma sequência de regimes socioecológicos de acumulação, pontuados por crises de desenvolvimento específicas de cada regime — cada uma solucionada de forma provisória pelo regime sucessor que, no devido tempo, gera sua própria crise de desenvolvimento.[4] Mais adiante, veremos se essa sequência pode estar chegando ao fim agora, graças a uma dinâmica mais profunda que se estende por baixo: a saber, a progressão histórica do aquecimento global que atravessa regimes, se agrava cumulativamente, parece implacável e ameaça parar todo o trânsito. Podemos dizer o que for,

---

[4] Devo os termos crises "de desenvolvimento" e "históricas" a Jason Moore, que os adaptou para a teoria crítica a partir de Immanuel Wallerstein e Giovanni Arrighi. Consulte o ensaio de Moore, "The Modern World System as Environmental History? Ecology and the Rise of Capitalism". *Theory and Society 32*, nº 3, 2003.

mas não há como negar que a divisão economia/natureza se transmutou diversas vezes ao longo da história do capitalismo, assim como a organização da natureza. Meu objetivo principal nesta seção é mapear essas transformações e as dinâmicas de crise que as impulsionam.

A trajetória histórica da contradição ecológica do capitalismo atravessa os mesmos quatro regimes de acumulação que encontramos nos capítulos anteriores: a fase capitalista mercantil entre os séculos XVI e XVIII; o regime colonial liberal do século XIX e início do XX; a fase administrada pelo Estado do segundo terço do século XX; e o atual regime do capitalismo financeirizado. Em cada uma dessas fases, a relação economia-natureza assumiu uma aparência diferente, assim como os fenômenos de crise gerados por ela. Cada regime também precipitou tipos distintos de lutas pela natureza. Ainda assim, algo se mantém constante: em cada caso, a ecocrise e a ecoluta estiveram profundamente entrelaçadas com outros componentes de crise e luta, também embasados nas contradições estruturais da sociedade capitalista.

Músculo animal

Começo pelo capitalismo mercantil e a questão energética. Nessa fase, assim como antes dela, o vento movia veleiros enquanto moinhos de vento e água moíam grãos em algumas localidades. Mas a agricultura e a manufatura funcionavam principalmente graças ao músculo animal — humano e não humano (bovino, equino, etc.), como já acontecia há milênios. Sendo nesse sentido uma continuação das sociedades pré-capitalistas, o capitalismo mercantil era o que o historiador ambiental J. R. McNeill chama de regime "somático": a conversão de energia química em mecânica ocorria sobretudo dentro do corpo de seres vivos ao digerirem alimentos, originados na biomassa.[5] E isso significava que, assim como em eras anteriores, a principal forma de aumentar a energia disponível era por meio da conquista. Apenas pela anexação de terras e convocação de mais ofertas de mão de obra os poderes capitalistas mercantis podiam aumentar suas forças de produção. Como vimos nos capítulos anteriores, eles utilizaram amplamente esses métodos testados ao longo do tempo, mas em uma escala muito maior que compreendia o "novo" mundo, para além do "velho".

Na periferia, portanto, os agentes capitalistas mercantis instalaram sistemas brutais de extrativismo socioecológico. Das minas de prata de Potosí às fazendas escravistas de São Domingos, exploraram a terra e a mão de obra à exaustão sem nenhum esforço de repor o que esgotavam.[6] Ao optar, em vez disso, por devorar à força novos "insumos" humanos e não humanos incorporados "de fora", deixaram rastros de destruição ambiental e social em continentes inteiros. Quem sofria os impactos disso contra-atacou, com níveis variados de sucesso. Com o objetivo de contestar os ataques generalizados contra habitats, comunidades e meios de vida, a resistência era necessariamente integrativa. Fosse comunalista, anti-imperialista ou republicana, combinava o que agora chamamos

---

[5] Sobre a distinção entre regimes energéticos "somáticos" e "exossomáticos", consulte McNeill, J. R. *Something New Under the Sun: An Environmental History of the 20th Century*. Nova York: W. W. Norton & Co., 2000, esp. p. 10–16.

[6] Moore, Jason W. "Potosí and the Political Ecology of Underdevelopment, 1545–1800". *Journal of Philosophical Economics 4*, nº 1, 2010, p. 58–103.

de lutas "ambientais" com lutas pelo trabalho, a reprodução social e o poder político.

Enquanto isso, na metrópole, o capital aumentava sua escala por outros meios. Os cercamentos de terras forçados na Inglaterra facilitaram a conversão de terras agrícolas em pasto para caprinos, permitindo a expansão da manufatura têxtil mesmo na ausência da mecanização. Essa mudança no uso da terra e no regime de propriedade convergiu com uma grande rodada de construção do Estado administrativo no século XVI e com uma revolução científica que transformou o mundo no século XVII. Esta última nos deu a visão mecânica da natureza, primeira versão da Natureza I, que foi instrumental na criação da Natureza II. Endurecendo distinções herdadas da filosofia grega e do cristianismo, a visão mecânica expulsou a natureza do universo do sentido, efetivamente substituindo suposições sobre a proximidade socionatural por um profundo abismo ontológico. Objetificada e externalizada, a Natureza agora aparecia como a antítese da Humanidade — uma visão que, para alguns, autorizaria sua "violação".[7] No fim das contas, as ideias filosóficas desse tipo se comprovaram não essenciais para a ciência moderna e acabaram sendo descartadas em versões posteriores da Natureza I. Mas encontraram uma segunda vida na metafísica do capital, que postulou a Natureza II como algo inerte, pronta para ser tomada.

Assim, de modo geral, o capitalismo mercantil articulou conquista e extrativismo na periferia com despossessão e ciên-

---

[7] Existem boas análises de toda essa questão na brilhante obra de Philippe Descola, *Beyond Nature and Culture*. Trad. Janet Lloyd. Chicago: University of Chicago Press, 2014; e no clássico de Carolyn Merchant, *The Death of Nature: Women, Ecology, and the Scientific Revolution*. São Francisco: HarperOne, 1990.

cia moderna no centro. Podemos dizer, com a vantagem de ter uma visão *a posteriori*, que nessa era o capital estava acumulando forças bióticas e epistêmicas cujo maior potencial produtivo só se tornaria aparente mais tarde, com o advento de um novo regime socioecológico de acumulação.

Rei Carvão

Esse regime começou a tomar forma no início do século XIX, na Inglaterra, precursora da mudança histórica para energia fóssil. A invenção de James Watt, a máquina a vapor movida a carvão, abriu caminho para o primeiro regime "exossomático" do mundo: o primeiro a retirar energia solar carbonizada da crosta terrestre e convertê-la em energia mecânica *fora de corpos vivos*. Por estar, assim, apenas indiretamente ligado à biomassa, o regime colonial liberal pareceu liberar as forças da produção das restrições da terra e da mão de obra. Ao mesmo tempo, criou-se uma nova natureza histórica. O carvão, uma substância que se queimava para fins de aquecimento e até então era apenas de interesse local, agora se tornava uma mercadoria comercializada internacionalmente. Extraídos de terras confiscadas e transportados a granel por longas distâncias, depósitos de energia formados ao longo de centenas de milhões de anos foram consumidos num piscar de olhos para alimentar a indústria mecanizada, sem nenhuma preocupação com sua reposição, nem com a poluição. Outro aspecto igualmente importante é que a energia fossilizada proporcionou aos capitalistas uma forma de remodelar as relações de produção a seu favor. Nas décadas de 1820 e 1830, os fabricantes britânicos da indústria têxtil, abalados com as greves nas tecelagens, transferiram a maior parte de suas operações da energia hidráulica, presa ao espaço, em a energia a vapor, possível de ser transportada, o que também significou transferi-las do campo para a cidade. Dessa forma, conseguiram explorar ofertas concentradas de mão de obra proletarizada — trabalhadores e trabalhadoras com menos acesso aos meios de subsistência e maior tolerância à disciplina fabril que aqueles da zona rural.[8] Aparentemente, os ganhos da intensificação da exploração pesaram mais do que o custo do carvão (que, ao contrário da água, precisava ser comprado).

Se o vapor movido a carvão alimentou a revolução industrial na produção, também revolucionou o transporte. Ferrovias e navios a vapor comprimiram o espaço e abreviaram o tempo acelerando o movimento de matérias-primas e produtos por grandes distâncias e, assim, agilizando o faturamento do capital e inflando seus lucros.[9] Os efeitos sobre a agricultura também foram profundos. Com o proletariado faminto amontoado nas áreas urbanas havia oportunidade de se ganhar dinheiro no interior com uma agricultura insustentável e movida pelo lucro. Mas é evidente que esse arranjo exacerbou e muito a ruptura metabólica entre campo e cidade. Os nutrientes saqueados do solo rural não foram devolvidos ao ponto da extração, mas despejados em canais urbanos como resíduo orgânico. Assim, o regime colonial liberal movido a carvão exauriu terras agrícolas e poluiu as cidades em uma tacada só.[10]

---

[8] Malm, Andreas. "The Origins of Fossil Capital: From Water to Steam in the British Cotton Industry". *Historical Materialism 21*, 2013, p. 15–68.

[9] Huber, Matthew T. "Energizing Historical Materialism: Fossil Fuels, Space and the Capitalist Mode of Production". *Geoforum 40*, 2008, p. 105–15.

[10] A expressão "ruptura metabólica" vem de Marx via John Bellamy Foster, assim como essa análise da perturbação do ciclo de nutrientes do solo. Consulte Foster, John Bellamy. "Marx's Theory of

Essa imensa perturbação do ciclo de nutrientes do solo sintetizou a contradição ecológica do capitalismo em sua fase colonial liberal. Outro aspecto igualmente emblemático foi a resposta, pois os remendos que pretendiam solucionar a crise do esgotamento do solo da Europa serviram apenas para deslocá-la ou exacerbá-la. Um empreendimento improvável, mas lucrativo, se concentrou no guano raspado dos íngremes penhascos rochosos da costa do Peru por trabalhadores chineses semiescravizados e enviado para a Europa para ser vendido como fertilizante — tudo favorecendo majoritariamente investidores ingleses. Um resultado disso foi uma série de guerras anti-imperialistas e inter-imperialistas pelo controle do comércio.[11] Conforme os depósitos acumulados ao longo de séculos começaram a minguar em poucas décadas, outro corolário foi a invenção e o amplo uso de agrotóxicos, cujos efeitos ao longo dos rios incluem acidificação do solo, poluição das águas subterrâneas, zonas mortas oceânicas e aumento dos níveis de óxido nitroso na atmosfera — tudo profundamente prejudicial a seres humanos e outros animais.

Há ainda outra ironia. A produção movida por combustíveis fósseis no centro capitalista se expandiu durante toda a era colonial liberal. Mas como o engodo do guano mostrou, a aparência de libertação da terra e do músculo animal era ilusória. A industrialização exossomática na Europa, na América do Norte e no Japão dependia de um terreno oculto de extrativismo de base somática na periferia. O que fazia as fábricas de

---

Metabolic Rift: Classical Foundations for Environmental Sociology". *American Journal of Sociology 105*, nº 2, 1999, p. 366–405.

[11] Foster, John Bellamy; Clark, Brett; e York, Richard. *The Ecological Rift: Capitalism's War on the Earth*. Nova York: New York University Press, 2011.

Manchester funcionar era a importação maciça de "naturezas baratas"[12] arrancadas de terras colonizadas por massas de mão de obra não livre e dependente: algodão barato para alimentar as tecelagens; açúcar, tabaco, café e chá baratos para estimular "os braços"; excremento de pássaro barato para alimentar o solo que alimentava os trabalhadores e trabalhadoras. Assim, as aparentes economias com mão de obra e terra eram, na verdade, uma forma de transferência da carga ambiental — uma transferência das demandas colocadas sobre a biomassa do centro para a periferia.[13] As potências coloniais intensificaram o processo com esforços calculados para extirpar a indústria de suas colônias. Destruindo de forma deliberada a produção têxtil do Egito e da Índia, o Reino Unido reduziu essas terras a fornecedoras de algodão para suas tecelagens e a mercados cativos para seus produtos.[14]

Só agora o estudo teórico e histórico do ecoimperialismo começa a estimar a dimensão dessa transferência de custo[15],

---

[12] Essa expressão vem de Moore, Jason W. "The Rise of Cheap Nature" em *Anthropocene or Capitalocene? Nature, History, and the Crisis of Capitalism*. Oakland: PM Press, 2016, p. 78–115.

[13] Hornborg, Alf. "Footprints in the Cotton Fields: The Industrial Revolution as Time-Space Appropriation and Environmental Load Displacement". *Ecological Economics 59*, nº 1, 2006, p. 74–81.

[14] Jakes, Aaron G. *Egypt's Occupation: Colonial Economism and the Crises of Capitalism*. Redwood City: Stanford University Press, 2020.

[15] Consulte, por exemplo, Davis, Mike. "As origens do Terceiro Mundo" em *Holocaustos coloniais*. Trad. Alda Porto. Rio de Janeiro e São Paulo: Record, 2002, p. 289–320; Hornborg, Alf. "The Thermody- namics of Imperialism: Toward an Ecological Theory of Unequal Exchange" em *The Power of the Machine: Global Inequalities of Economy, Technology, and Environment*. Lanham: AltaMira, 2001, p. 35–48; Martinez-Alier, Joan. "The Ecological

revelando, ao mesmo tempo, a conexão próxima entre anticolonialismo e protoambientalismo. As lutas rurais contra a predação colonial liberal eram também "ecologismos dos pobres", lutas por justiça ambiental *avant la lettre*.[16] Eram também lutas pelo sentido e valor da natureza, pois os imperialistas europeus criados em concepções científicas distanciadas buscavam subjugar comunidades que não faziam uma distinção nítida entre natureza e cultura.

No centro capitalista, onde as pessoas *faziam* essa distinção, o (proto)ambientalismo era bem diferente. A versão mais celebrada conjurava uma "Natureza" vista como o Outro da Humanidade, similar àquela fantasiada pelo capital, mas retratada como sublime e inestimável — e, portanto, algo que exigia reverência e proteção. Avesso da Natureza II, essa Natureza também era ideológica. Mas longe de autorizar o extrativismo, alimentou as críticas românticas conservadoras da sociedade industrial. Originalmente pastorício e retrógrado, o sublime natural infundiu os "ecologismos dos ricos"[17] isolados, que se concentravam na preservação da natureza selvagem. É comum se pensar que isso esgotou todo o (proto)ambientalismo dessa era, mas ele coexistiu, na realidade, com outra perspectiva, que relacionava o ataque do capital contra a natureza com a

---

Debt". *Kurswechsel 4*, 2002, p. 5–16; Foster, John Bellamy; Clark, Brett; e York, Richard. "Imperialism and Ecological Metabolism" em *The Ecological Rift: Capitalism's War on the Earth*. Nova York: Monthly Review Press, 2011, p. 345–74.

[16] Martinez-Alier, Joan. *O ecologismo dos pobres: conflitos ambientais e linguagens de Valoração*. Trad. Maurício Waldman. São Paulo: Contexto, 2007.

[17] Devo essa expressão, que inverte o "ecologismo dos pobres" de Joan Martinez-Alier, a Dauvergne, Peter. *Environmentalism of the Rich*. Cambridge: The M.I.T. Press, 2016.

injustiça de classe. Entre os proponentes fundamentais dessa perspectiva estava William Morris, cujo ecossocialismo incluía uma poderosa dimensão estética, e Friedrich Engels, cujo ambientalismo social se concentrou, a princípio, no impacto deletério do industrialismo sobre a saúde da classe trabalhadora urbana e, mais tarde, na "dialética da natureza" — ou o que hoje chamamos de coevolucionismo e emergentismo biológico. Os dois pensadores semearam tradições ricas de ecologia socialista, posteriormente ocultadas por compreensões estreitas de ambientalismo voltadas a uma pauta única, mas que agora estão sendo recuperadas e ampliadas.[18]

Era do automóvel

É claro que o principal legado do capitalismo colonial liberal não foi o ambientalismo, mas, sem dúvida, a fatídica guinada para a energia exossomática, que transformou o mundo e "liberou" os estoques fossilizados de carbono que tinham passado milênios sendo sequestrados em segurança para debaixo da crosta terrestre. Esse legado, que nos trouxe o aquecimento global, foi acolhido e ampliado na era seguinte do capitalismo administrado pelo Estado, conforme uma nova hegemonia global arquitetava uma ampla expansão das emissões de gases do efeito estufa. Os Estados Unidos, tendo suplantado

---

[18] Para uma reconstrução magistral do ecologismo socialista dos séculos XIX e XX na Inglaterra, consulte Foster, John Bellamy. *The Return of Nature: Socialism and Ecology*. Nova York: Monthly Review Press, 2020. Entre as muitas ampliações recentes dessa tradição, consulte Bookchin, Murray. *Social Ecology and Communalism*. Chico: AK Press, 2005; e Löwy, Michael. *Ecosocialism: A Radical Alternative to Capitalist Catastrophe*. Chicago: Haymarket, 2015.

o Reino Unido, construíram um novo complexo industrial exossomático em torno do motor de combustão interna e do petróleo refinado. O resultado disso foi a era do automóvel: ícone da liberdade consumista, catalisadora da construção de rodovias, possibilitadora da suburbanização, despejadora de dióxido de carbono e remodeladora da geopolítica. Assim, a "democracia do carbono" alimentada a carvão deu lugar a uma variante alimentada pelo petróleo, cortesia estadunidense.[19]

O petróleo refinado também propulsou a social-democracia. Os lucros da produção automotiva e outras indústrias relacionadas abasteceram uma fatia considerável das receitas tributárias que financiaram a provisão social nos países ricos do pós-guerra. Em grande medida não se percebeu a ironia: o que garantiu o aumento dos gastos públicos com bem-estar social no Norte global foi a intensificação da pilhagem privada da natureza no Sul global. Aparentemente, o capital arcaria com alguns custos da reprodução social, aqui, apenas se fosse permitido se esquivar de uma conta muito maior pelos custos da reprodução natural lá.[20] O pilar do arranjo foi o petróleo, sem o qual toda a operação teria sido interrompida. Para garantir suprimentos e controle, os Estados Unidos financiaram diversos golpes de Estado no Golfo Pérsico e na América Latina, garantindo os lucros e a posição das grandes empresas de petróleo e do setor de frutas. Assim como as grandes produtoras do setor de alimentos de modo geral, essas últimas se aproveitaram da tecnologia que vinha evoluindo com o transporte refrigerado, que devora petróleo e esgota o

---

[19] Mitchell, Timothy. "Carbon Democracy". *Economy and Society 38*, nº 3, 2009, p. 399–432.

[20] Battistoni, Alyssa. "Free Gifts: Nature, Households, and the Politics of Capitalism". Tese de doutorado, Yale University, 2019.

ozônio, para regionalizar um insustentável sistema alimentar industrializado, contaminando ainda mais a atmosfera.[21] No cômputo geral, a social-democracia alimentada pelo petróleo no próprio país dependia de uma oligarquia militarmente imposta no exterior.[22]

Ao mesmo tempo, os Estados Unidos também produziram um poderoso movimento ambiental. Uma corrente originada no século XIX e descendente do romantismo que idealizava a natureza no regime anterior estava centrada na proteção da natureza selvagem com a criação de reservas e parques nacionais, muitas vezes por meio da expulsão de povos indígenas.[23] "Progressista", em oposição a uma visão retrógrada, esse ecologismo dos ricos era compensatório; e com o objetivo de permitir a (alguns) estadunidenses uma fuga temporária da civilização industrial, não confrontou esta última nem buscou transformá-la. No entanto, com o desenvolvimento do capitalismo administrado pelo Estado, incubou outro ambientalismo, que tinha como alvo o núcleo industrial do regime. Galvanizada pelo livro *Primavera Silenciosa*, de 1962, escrito pela bióloga e conservacionista Rachel Carson, essa corrente exigia a ação do Estado para reduzir a poluição das empresas. O resultado disso foi a criação de uma Agência de Proteção Ambiental (*Environmental Protection Agency* – EPA), com algum paralelo com as agências do *New Deal* que davam apoio à reprodução social. Fundada

---

[21] Friedberg, Susanne. *Fresh: A Perishable History*. Cambridge: Harvard University Press, 2010.

[22] Mitchell. "Carbon Democracy". *Economy and Society 38*, nº 3, 2009, p. 399–432.

[23] Jacoby, Karl. *Crimes against Nature: Squatters, Poachers, Thieves, and the Hidden History of Conservation*. Berkeley: University of California Press, 2014.

em 1970, ao final da era administrada pelo Estado, a EPA foi o último grande esforço do regime para aliviar a crise sistêmica "internalizando externalidades" como objetos de regulação do Estado. A joia da coroa foi o programa *Superfund*, que tinha a tarefa de limpar locais com lixo tóxico no território dos Estados Unidos com recursos do capital. Financiado principalmente pelos impostos pagos pelas indústrias petroquímicas, o fundo concretizou o princípio de que "o poluidor paga" por meio da agência coerciva do Estado capitalista, ao contrário dos esquemas atuais de comércio de carbono, que substituem a punição pela recompensa e se apoiam nos mercados.

Por mais progressista que fosse nesse sentido, a regulação da natureza pelo Estado capitalista (assim como a da reprodução social) foi construída sobre a transferência do custo denegado. Ela descarregou eco-"externalidades" de forma desproporcional sobre comunidades pobres do centro, sobretudo — mas não somente — comunidades não brancas, e ao mesmo tempo intensificou o extrativismo e o deslocamento da carga ambiental na periferia. Além disso, a ala industrial do ambientalismo dos Estados Unidos enquadrou mal sua questão central na poluição corporativa. Postulando o Estado nacional territorial como a unidade relevante para a ecopolítica, falhou ao não considerar o caráter transfronteiriço inerente às emissões industriais.[24] Esse "lapso" se comprovou particularmente desastroso no que diz respeito aos gases do efeito estufa, cujos impactos são, por definição, planetários. Embora o processo não tenha sido totalmente compreendido à época, a denota-

---

[24] A respeito do "mau enquadramento", consulte Fraser, Nancy. "Reenquadrando a justiça em um mundo globalizado". Trad. Ana Carolina Freitas Lima Ogando e Mariana Prandini Fraga Assis. *Lua Nova* 77, 2009, p. 11–39.

ção dessa bomba-relógio se acelerou muitíssimo conforme o regime foi produzindo CO_2 ao longo de sua existência.

Novos cercamentos, natureza financeirizada e "capitalismo verde"

Na atualidade, na era do capitalismo financeirizado, todos esses "males" todos continuam anabolizados, embora estejam sobre uma base alterada. A transferência da indústria para o Sul global embaralhou a geografia energética anterior. Formações somáticas e exossomáticas agora coexistem lado a lado em toda a Ásia, América Latina e em algumas regiões do sul da África. Enquanto isso, o Norte global se especializa cada vez mais na tríade "pós-material" de TI, serviços e setor financeiro — ou seja, Google, Amazon e Goldman Sachs. Mas, de novo, a aparência de se libertar da natureza engana. O "pós-materialismo" do norte depende do materialismo do sul (mineração, agricultura, indústria), assim como do fraturamento hidráulico (*fracking*) e da perfuração de poços no mar em seu próprio quintal. Outro aspecto de igual importância é que o consumo de carbono no Norte global está cada vez mais intenso: veja os aumentos vertiginosos nas viagens aéreas, no consumo de carne, na pavimentação e na produtividade material de modo geral.

Enquanto isso, o capital continua a gerar novas naturezas históricas em ritmo acelerado. Isso inclui novos minerais indispensáveis, como lítio e coltan — este último, ingrediente essencial dos telefones celulares, *casus belli* na África Central e mercadoria superlucrativa extraída, em alguns casos, por crianças congolesas escravizadas. Outras naturezas neoliberais são objetos familiares recém-cercados. Um grande exemplo é a água, cuja privatização enfrenta dura resistência de populações que querem salvaguardar não só seus "interesses materiais", como também "a fonte da vida" e visões subalternas sobre a articulação entre natureza e comunidade.[25]

Embora os cercamentos tenham sido vitais em todas as fases do capitalismo, o regime atual gera novas formas tão insidiosas quanto engenhosas. Uma bastante conhecida é a biotecnologia de ponta, que se une à mais avançada legislação sobre propriedade intelectual para organizar novos tipos de rentismo monopolista. Em alguns casos, a grande indústria farmacêutica reivindica a propriedade de remédios indígenas à base de plantas, como aqueles derivados do neem indiano, que teve seu genoma decodificado, embora as propriedades curativas em questão já fossem conhecidas e utilizadas há séculos em todo o sul da Ásia. Do mesmo modo, o agronegócio busca patentear variedades de cultivos com base em hipotéticas "melhorias" genéticas, como no caso do arroz basmati, para espoliar as comunidades agricultoras que as desenvolveram. Em outros casos, por outro lado, os expropriadores se apoiam na bioengenharia para desenvolver novas naturezas históricas que não ocorrem "na natureza". Um exemplo infame são as sementes "Terminator" da Monsanto, projetadas de forma deliberada para serem estéreis, obrigando agricultores e agricultoras a comprá-las todos os anos. Aqui, uma multinacional elimina intencionalmente o processo natural de renovação da vida pelo qual as sementes são reproduzidas para inflar o processo artificial de extinção da vida pelo qual o capital se reproduz.[26]

---

[25] Parr, Adrian. *The Wrath of Capital: Neoliberalism and Climate Change Politics*. Nova York: Columbia University Press, 2013.

[26] A melhor análise sobre a despossessão praticada por esse casamento entre biotecnologia e propriedade intelectual continua sendo a de Shiva, Vandana. "Life Inc: Biology and the Expansion of Capitalist Markets". *Sostenible?* 2, 2000, p. 79–92.

Efetivamente virando sua própria concepção de Natureza II de cabeça para baixo, o capital agora nega a outros e outras o uso daquela mesma "dádiva gratuita" da qual ele próprio sempre dependeu: a capacidade da natureza de se repor. Disso decorre um emaranhamento de superlucros e múltiplas misérias em que o ambiental se entrelaça com o social. Aumentar de forma aguda o endividamento camponês leva a ondas de suicídios, empobrecendo ainda mais regiões já atormentadas por uma fatia crescente da carga ambiental global: poluição extrema nas cidades, hiperextrativismo no campo e vulnerabilidade desproporcional que leva a impactos cada vez mais fatais do aquecimento global.

Essas assimetrias são agravadas por novos modos financeirizados de regulação, baseados na premissa de novas concepções neoliberais da Natureza II. Com a deslegitimação do poder público vem a nova-velha ideia de que o mercado pode servir como principal mecanismo de governança efetiva, agora com a tarefa de reduzir as emissões de gases do efeito estufa e salvar o planeta. Mas os esquemas de comercialização de carbono só afastam o capital do investimento maciço e coordenado necessário para eliminar o uso de combustíveis fósseis e transformar a base energética da economia do mundo. Em vez disso, o dinheiro circula no mercado especulativo em permissões para emissões, serviços ecossistêmicos, compensações de carbono e derivativos ambientais. O que permite essa "regulação" — e também é estimulado por ela — é um novo imaginário capitalista verde que sujeita o todo da natureza a uma lógica economizante abstrata, mesmo quando não a mercantiliza diretamente. A ideia de que uma fábrica que expele carvão aqui pode ser "compensada" por um reflorestamento ali pressupõe uma natureza composta de unidades fungíveis e comensuráveis que tem especificidade local, traços qualitativos e sentidos vivenciados passíveis de serem ignorados.²⁷ O mesmo se dá nos cenários de leilões hipotéticos, adorados por economistas ambientais, que pretendem atribuir valor a um "ativo natural" de acordo com o montante que atores diversos pagariam para concretizar suas "preferências" concorrentes com relação a ele: será que as comunidades indígenas estão suficientemente "investidas" na preservação de seus recursos haliêuticos para dar um lance maior que as frotas corporativas que ameaçam esgotá-los? Se não estiverem, o uso racional do "ativo" implica permitir sua exploração comercial.²⁸ Esses cenários capitalistas verdes representam uma forma nova e sofisticada de internalizar a natureza, que eleva a abstração epistêmica ao nível máximo. Mas há coisas que nunca mudam. Assim como as variantes antecessoras da Natureza II, a natureza financeirizada também é um veículo da canibalização.

Nessas condições, a gramática da ecopolítica está mudando. Assim como o aquecimento global deslocou a poluição química como problema central, os mercados de permissões de emissões também suplantaram o poder estatal coercivo como mecanismo regulatório favorito e o internacional foi substituído pelo nacional como arena privilegiada da ecogovernança. O ativismo ambiental foi consequentemente alterado. A corrente de proteção da natureza selvagem se enfra-

---

[27] Lohmann, Larry. "Financialization, Commodification, and Carbon: The Contradictions of Neoliberal Climate Policy". *Socialist Register 48*, 2012, p. 85–107.

[28] O'Connor, Martin. "On the Misadventures of Capitalist Nature" em *Is Capitalism Sustainable? Political Economy and the Politics of Ecology*. Nova York: Guilford Press, 1994, p. 125–51; Martinez-Alier, Joan. *O ecologismo dos pobres: conflitos ambientais e linguagens de valoração*. Trad. Maurício Waldman. São Paulo: Contexto, 2007.

queceu e dividiu, tendo um ramo gravitado para o centro do poder capitalista verde e o outro para movimentos cada vez mais assertivos na reivindicação por justiça ambiental. Esta última categoria agora compreende uma grande variedade de atores subalternos — de ecologismos dos pobres no sul, que resistem a cercamentos e grilagens de terras, a atores antirracistas no norte, que miram as disparidades na exposição a toxinas passando por movimentos indígenas que lutam contra gasodutos e oleodutos e por ecofeministas que combatem o desmatamento — muitos deles se sobrepõem e se conectam às redes transnacionais. Ao mesmo tempo, os projetos focados no Estado, deixados de lado nos últimos tempos, ressurgem agora com novo vigor. Conforme revoltas populistas de esquerda e de direita estilhaçam a crença nas propriedades mágicas do "livre-mercado", há quem esteja retornando à visão de que o poder do Estado nacional pode servir como principal veículo da reforma ecossocial: veja a "Nova Ecologia" de Marine Le Pen, por um lado, e o *Green New Deal*, por outro. Historicamente comprometidos com a defesa da saúde e da segurança de seus membros no trabalho, mas cautelosos com relação às restrições ao "desenvolvimento", também os sindicatos agora buscam projetos de infraestrutura verde para a geração de empregos. Por fim, na outra ponta do espectro correntes do decrescimento alistam novos e novas recrutas entre jovens que se atraem pela ousada crítica civilizacional ao aumento da produtividade material e aos estilos de vida consumistas, bem como pela promessa de "*buen vivir*" por meio do veganismo, das práticas relacionadas aos comuns e/ ou de uma economia social e solidária.Mas qual é o resultado de tudo isso e para onde isso pode levar?

Natureza canibalizada no tempo e no espaço

Até aqui, apresentei argumentos estruturais e reflexões históricas para apoiar duas proposições: a primeira, de que o capitalismo abriga uma contradição ecológica profunda que o inclina, de forma não acidental, à crise ambiental; a segunda, de que essas dinâmicas estão intricadas com outras tendências a crises "não ambientais" e não podem ser resolvidas se isoladas delas. As implicações políticas são conceitualmente simples, ainda que desafiadoras na prática: uma ecopolítica capaz de salvar o planeta deve ser tanto *anticapitalista* quanto *transambiental*.

As reflexões históricas apresentadas aqui aprofundam essas proposições. O que expus primeiro como uma lógica abstrata dos quatro *D*s, em que o capital é programado para desestabilizar as condições da natureza da qual depende, agora aparece como um processo concreto, desdobrando-se no tempo e no espaço. Sua trajetória é mais ou menos assim: um impasse socioecológico originado no centro provoca uma rodada de pilhagem na periferia (incluindo na periferia do centro), que mira na riqueza natural de populações privadas dos meios políticos para se defender. Em cada caso, também, a solução envolve a conjuração e apropriação de uma nova natureza histórica, antes uma impureza que, de repente, torna-se ouro — uma mercadoria mundial indispensável, convenientemente vista como algo sem dono, disponível e pronta para ser tomada. O que se segue em cada caso, por fim, são efeitos descontrolados que desencadeiam novos impasses socioecológicos, provocando mais iterações do ciclo. E assim por diante.

Reiterado a cada regime, esse processo se desdobra amplamente em escala global. Fervilhando com açúcar e prata, carvão e guano, petróleo refinado e agrotóxicos, coltan e sementes geneticamente modificadas, ele prossegue em estágios — da conquista à colonização, ao neoimperialismo e à financeirização. Disso decorre uma geografia de centro/periferia que evolui, na qual a fronteira entre os dois espaços coconstituídos se transforma periodicamente, assim como a fronteira entre economia e natureza. O processo que produz essas transformações gera a espacialidade característica do desenvolvimento capitalista.

Esse processo também molda a temporalidade histórica do capitalismo. Cada impasse nasce da colisão de nossas três Naturezas, que operam em escalas de tempo diferentes. Em cada episódio, o capital, servo de sua fantasia de uma Natureza II eternamente dadivosa, capaz de se repor sem fim, reorganiza a Natureza III de acordo com suas próprias especificações, que ditam os dispêndios mínimos para a ecorreprodução e a aceleração máxima do tempo de faturamento; enquanto isso, a Natureza I, desenvolvendo-se em uma escala de tempo "própria", registra os efeitos de forma biofísica e "revida". Em tempo, os ecodanos subsequentes convergem com outros prejuízos "não ambientais" enraizados em outras contradições "não ambientais" da sociedade capitalista. Nesse ponto, o regime em questão entra em sua crise de desenvolvimento, levando a esforços para moldar um sucessor. Uma vez instalado, este reorganiza a relação natureza/economia de modo a dissolver o bloqueio específico, mas preservar a lei do valor, que impõe a expansão do capital na velocidade máxima. Assim, longe de ser superada, a contradição ecológica do capitalismo é deslocada reiteradas vezes no tempo e no espaço. Os custos são despejados não "só" em populações marginalizadas que já existem, mas também nas futuras gerações. As vidas destas também são desconsideradas para que o capital possa viver desimpedido e sem fim.

A última formulação sugere que a temporalidade da contradição ecológica do capitalismo pode não ser "meramente" uma questão de desenvolvimento. Sob a tendência do sistema de precipitar uma série infindável de crises específicas a cada regime está algo mais profundo e sinistro: a perspectiva de uma *crise histórica*, com raízes nos séculos de emissões de gases do efeito estufa cada vez mais intensas, cujo volume agora excede as capacidades do planeta sequestrá-los. A progressão do aquecimento global atravessa regimes e pressagia uma crise de ordem distinta. Em uma acumulação implacável ao longo de toda a sequência de regimes e naturezas históricas, as mudanças climáticas trazem a continuidade perversa de uma bomba-relógio, que pode levar a fase capitalista da história humana — se não a história humana *tout court* — a um ignóbil fim.

Falar de uma crise histórica *não é*, no entanto, proclamar um colapso iminente. Também não se descarta o advento de um novo regime de acumulação que pode administrar provisoriamente ou adiar temporariamente a crise atual. A verdade é que não podemos saber, com certeza, se o capitalismo tem mais cartas na sua engenhosíssima manga capazes de protelar o aquecimento global, ao menos por algum tempo; nem, se for o caso, por quanto tempo. Também não sabemos se os partidários do sistema poderiam inventar, vender e implantar esses truques com agilidade suficiente, considerando que eles — e nós — estão em uma corrida pelo tempo com a Natureza 1. Mas o seguinte é bem nítido: qualquer coisa mais que um quebra-galho temporário exigiria uma reordenação profunda da articulação entre economia e natureza com uma imensa restrição — ou abolição total — das prerrogativas do capital.

Lutas intricadas

Essa conclusão corrobora minha principal tese: uma ecopolítica que busque evitar a catástrofe precisa ser anticapitalista e transambiental. Se o raciocínio para o primeiro desses adjetivos já está evidente, a justificativa para o segundo está na relação próxima, demonstrada aqui, entre depredação ecológica e outras formas de disfunção e dominação inerentes à sociedade capitalista. Considere, primeiro, as ligações internas entre espoliação natural e expropriação racial/imperial. Ao contrário das alegações de *terra nullius*, as parcelas de natureza que o capital apropria são quase sempre as condições de vida de algum grupo humano: seu habitat e espaço de interação social carregado de sentido; seus meios de vida e a base material de sua reprodução social. Além disso, os grupos humanos na mira do capital são quase sempre aqueles que foram privados do poder de se defender e muitas vezes aqueles relegados ao lado errado da linha de cor global. Esse aspecto foi evidenciado inúmeras vezes ao longo da sequência de regimes e mostra, por um lado, que as questões ecológicas não podem ser separadas das questões de poder político e, por outro, daquelas que se referem a opressão racial, dominação imperial e despossessão e genocídio indígena.

Uma proposta similar se aplica à reprodução social, intimamente imbricada com a reprodução natural. Para a maioria das pessoas, na maior parte do tempo os danos ecossistêmicos impõem tensões pesadas ao setor dos cuidados, da provisão social e da atenção a corpos e psiques, chegando, por vezes, a distender os vínculos sociais ao ponto da ruptura. Também na maioria dos casos as tensões exercem maior pressão sobre as mulheres, principais responsáveis pelo bem-estar das famílias e comunidades. Mas há exceções que comprovam a regra. Elas surgem quando assimetrias de poder permitem que alguns grupos despejem as "externalidades" sobre os outros, como aconteceu na era do capitalismo administrado pelo Estado, quando os Estados de bem-estar social do norte financiaram apoios sociais (mais ou menos) generosos em seus próprios países intensificando o extrativismo no exterior. Nesse caso, a dinâmica política que liga a social-democracia doméstica à dominação estrangeira permitiu uma troca entre reprodução social e ecodepredação marcada pelas divisões de gênero e raça — uma barganha posteriormente rescindida pelos partidários do capital após formularem um novo regime financeirizado que permitiu que eles tivessem o melhor dos dois mundos.

Assim, não surpreende que haja um intrincamento profundo das lutas pela natureza com as lutas por trabalho, cuidado e poder político em cada fase do desenvolvimento capitalista. Nem que o ambientalismo de pauta única seja historicamente excepcional — e politicamente problemático. Basta recordar as transformações nas formas e definições de luta ambiental na sequência de regimes socioecológicos. Na era mercantil, a mineração de prata envenenou terras e rios peruanos, enquanto cercamentos de terra destruíram bosques ingleses, desencadeando resistência nos dois casos. Mas quem participava dessas lutas não separava a proteção da natureza e do habitat da defesa dos meios de vida, da autonomia e da reprodução social de suas comunidades. Essas pessoas lutavam, na verdade, por todos esses elementos juntos e por formas de vida em que elas estivessem integradas. Quando a "defesa da natureza" *de fato* apareceu como causa separada, na era colonial liberal, isso se deu entre pessoas que *não* viam ameaçada a existência de seus meios de vida, suas comunidades e seus direitos políticos. Sem o ônus dessas outras preocupações, sua forma apartada de luta era, necessariamente, um ecologismo dos ricos.[29]

---

[29] O argumento é paralelo àquele reiterado por feministas socialistas e negras sobre o feminismo de pauta única, que pretende isolar as questões de gênero "genuínas" de preocupações "alheias" e,

Como tal, havia um contraste enorme com os ecologismos sociais contemporâneos no centro e aqueles anticoloniais na periferia, ambos voltados para o enfrentamento dos imbricados danos à natureza e aos seres humanos, antevendo as lutas atuais por ecossocialismo e justiça ambiental. Mas esses movimentos foram eliminados da história oficial do ambientalismo, que canonizou a definição voltada a uma única pauta. A definição oficial se expandiu de certo modo na era seguinte do capitalismo administrado pelo Estado, quando protecionistas da natureza selvagem se uniram a ativistas que exigiam a mobilização direta do poder estatal capitalista contra as empresas poluidoras. Os ecossucessos que esse regime alcançou aconteceram graças ao uso desse poder, enquanto seus fracassos vieram da recusa de levar em conta, com seriedade, os entrelaçamentos transambientais — o caráter transterritorial inerente das emissões; a força do racismo ambiental local; o poder do capital de subverter a regulação por meio de *lobby*, gambiarras e captura regulatória; e as limitações intrínsecas de um foco nos ecoabusos como se fossem opostos ao funcionamento normal, dentro da lei, de uma economia consumista operada por combustíveis fósseis. Hoje, na era do capitalismo financeirizado, todas essas evasões estão vivas, passam bem e continuam provocando o caos. No passado e hoje é sobretudo problemática a premissa orientadora de que "o meio ambiente" pode ser protegido de forma adequada sem incomodar a estrutura institucional e as dinâmicas estruturais da sociedade capitalista.

---

assim, acaba como um feminismo "burguês" ou corporativo feito sob medida para a situação das mulheres profissionais e em posições de gestão, únicas para quem essas preocupações são alheias.

Por uma ecopolítica transambiental e anticapitalista

Esses fracassos se repetirão hoje? Nossas chances de salvar o planeta serão desperdiçadas por não conseguirmos construir uma ecopolítica que seja transambiental e anticapitalista? Muitas peças essenciais para a construção de tal política já existem de uma forma ou de outra. Os movimentos por justiça ambiental já são, em princípio, transambientais, de olho nos entrelaçamentos dos ecodanos com um ou mais eixos de dominação — em geral gênero, raça, etnia e nacionalidade — e alguns são explicitamente anticapitalistas. Do mesmo modo, movimentos de trabalhadores e trabalhadoras, proponentes de um *Green New Deal*, e alguns ecopopulistas compreendem (alguns dos) pré-requisitos de classe necessários para se combater o aquecimento global, sobretudo a necessidade de relacionar a transição para energias renováveis com políticas favoráveis à classe trabalhadora em termos de renda e trabalho e a necessidade de fortalecer o poder dos Estados contra as corporações. Por fim, os movimentos decoloniais e indígenas conectam o intrincamento entre extrativismo e imperialismo. Ao lado das correntes que defendem o decrescimento, eles pressionam para que nossa relação com a natureza e as formas de vida seja profundamente repensada. Cada uma dessas perspectivas ecopolíticas abriga contribuições genuínas.

Não obstante, a situação atual desses movimentos não é (ainda) adequada à tarefa em mãos, sejam eles vistos individualmente ou em conjunto. Na medida em que os movimentos por justiça ambiental mantêm um foco acachapante no impacto díspar das ecoameaças sobre as populações subalternas, não dão atenção suficiente para as dinâmicas estruturais subjacentes de um sistema social que produz não apenas disparidades de efeitos, como também uma *crise geral* que ameaça o bem-estar de todos e todas — isso sem mencionar do planeta. Assim, seu anticapitalismo ainda não é substantivo o bastante, seu transambientalismo ainda não é profundo o bastante.

Há algo semelhante nos movimentos com foco no Estado, sobretudo ecopopulistas (reacionários), mas também sindicatos e proponentes do *Green New Deal* (progressistas). Na medida em que esses atores privilegiam o enquadramento do Estado nacional territorial e da geração de empregos por meio de projetos de infraestrutura verde, assumem uma visão insuficientemente ampla e matizada de "classe trabalhadora" — classe que, na realidade, inclui não apenas quem trabalha na construção civil, mas também nos cuidados e serviços; não apenas quem tem trabalho assalariado, mas também aquelas pessoas cujo trabalho não é remunerado; não apenas quem trabalha "no próprio país", mas todas e todos que trabalham no exterior; não apenas aqueles e aquelas que são explorados, mas também quem é expropriado. As correntes focadas no Estado também não levam em conta devidamente a posição e o poder dos opostos dessa classe, na medida em que mantêm a premissa social-democrata clássica de que o Estado pode servir dois senhores — ou seja, pode salvar o planeta domando o capital sem precisar aboli-lo. Desse modo, continuam também insuficientemente anticapitalistas e transambientais, ao menos na atualidade.

Por fim, os ativistas do decrescimento tendem a turvar as águas políticas ao confundir o que *deve* crescer no capitalismo — ou seja, o "valor" — com o que *deveria mas não consegue crescer* dentro do capitalismo — ou seja, bens, relações e atividades que podem satisfazer a imensidão de necessidades humanas não atendidas em todo o planeta. Uma ecopolítica genuinamente anticapitalista deve desmontar o imperativo inculcado do que *deve* crescer, tratando, ao mesmo tempo, da questão do que *deveria* crescer de forma sustentável como uma questão política, a ser decidida por deliberação democrática e planejamento social. Do mesmo modo, orientações associadas por um lado, ao decrescimento, como o ambientalismo como estilo de vida (*lifestyle environmentalism*), e, por outro, os experimentos prefigurativos de produção do e em comum (*commoning*) tendem a fugir da necessidade de confrontar o poder capitalista.

Além disso, se consideradas em conjunto, as contribuições genuínas desses movimentos ainda não perfazem uma nova lógica ecopolítica. Também ainda não convergem em um projeto contra-hegemônico para a transformação ecossocial que poderia, ao menos em princípio, salvar o planeta. Há sem dúvida a presença de elementos transambientais essenciais — direitos trabalhistas, feminismo, antirracismo, anti-imperialismo, consciência de classe, defesa da democracia, anticonsumismo, antiextrativismo. Mas eles ainda não estão integrados em um diagnóstico robusto das raízes estruturais e históricas da atual crise. O que falta ainda hoje é uma perspectiva clara e convincente que conecte todos os nossos infortúnios atuais — ecológicos e outros — ao mesmo sistema social e, a partir disso, relacione-os entre si.

Insisti aqui que o sistema tem um nome: sociedade capitalista, concebida de modo ampliado para incluir todas as condições de fundo necessárias para uma economia capitalista — natureza não humana e poder público, expropriação e reprodução social —, todas sujeitas, não por acaso, à canibalização pelo capital, todas agora cambaleando sob a bola de demolição. Nomear esse sistema e concebê-lo de modo amplo é fornecer outra peça do quebra-cabeça contra-hegemônico que precisamos resolver. Essa peça pode nos ajudar a alinhar as demais, expor suas prováveis tensões e potenciais sinergias e elucidar de onde vieram e para onde podem ir juntas. O anticapitalismo é a peça que dá direção política e força crítica para o transambientalismo. Enquanto este último abre a ecopolítica para um mundo mais amplo, o primeiro treina o foco contra o principal inimigo.

O anticapitalismo é, desse modo, o que determina a linha necessária para cada bloco histórico entre "nós" e "eles". Desmascarando o comércio de carbono como o golpe que é, impulsiona cada corrente potencialmente emancipatória da ecopolítica a se desfiliar publicamente do "capitalismo verde". Impulsiona cada corrente também a prestar atenção ao seu próprio calcanhar de Aquiles — sua inclinação a evitar confrontar o capital —, seja buscando uma desvinculação (ilusória), uma conciliação de classes (assimétrica) ou uma paridade (trágica) na extrema vulnerabilidade. Além disso, ao insistir no inimigo comum, a peça do anticapitalismo no quebra-cabeça indica um caminho que partidários e partidárias do decrescimento, da justiça ambiental e do *Green New Deal* podem percorrer juntos, mesmo que agora não consigam vislumbrar — quanto mais chegar a um acordo sobre — seu destino exato.

Ainda resta saber, naturalmente, se algum destino será de fato alcançado, ou se o planeta continuará aquecendo até o ponto de ebulição. O melhor que podemos esperar para evitar esse destino é, repito, construir um bloco contra-hegemônico que seja transambiental e transcapitalista. Para onde esse bloco deve apontar para nos guiar ainda é uma questão obscura. Mas se eu tivesse que dar um nome ao objetivo, optaria por "ecossocialismo".

Para elucidar as perspectivas de tal projeto, no próximo capítulo passarei ao componente político da atual crise do capitalismo canibal.

5 Abatendo a democracia: por que a crise política é a carne vermelha do capital

Enfrentamos hoje uma crise da democracia. Isso é indiscutível. O que é menos compreendido, no entanto, é que essa crise não é isolada e suas fontes não estão exclusivamente no campo político. Na contramão do senso comum tradicional, não é possível superá-la restaurando a civilidade, cultivando o bipartidarismo, opondo o tribalismo ou defendendo um discurso fundamentado em fatos e guiado pela verdade. E ao contrário do que prega a teoria democrática recente, essa crise também não pode ser resolvida com uma reforma do campo político — ou seja, fortalecendo "o *ethos* democrático", reativando "o poder constituinte", desencadeando a força do "agonismo" ou promovendo "iterações democráticas".[1] Todas essas propostas são influenciadas por um erro que chamo de "politicismo". Por analogia com o economicismo, o pensamento politicista desconsidera a força causal da sociedade extrapolítica. Tratando a ordem política como autodeterminante, falha ao não problematizar a matriz social mais ampla que gera suas deformações.

Não se engane: a atual crise da democracia está firmemente ancorada na matriz social. Assim como os impasses analisados

---

[1] Selecionei essas expressões para representar uma variedade de perspectivas na teoria democrática, respectivamente de William E. Connolly, Andreas Kalyvas, Chantal Mouffe e Seyla Benhabib. Mas poderia também ter optado por outras.

nos capítulos anteriores, ela representa um componente de um complexo mais amplo de crises e não pode ser compreendida se isolada disso. Nem independentes, nem apenas setoriais, os atuais males democráticos formam o componente especificamente político da crise geral que está engolindo nossa ordem social por inteiro. Suas bases subjacentes estão nos tendões de sustentação dessa ordem — nas estruturas institucionais e dinâmicas constitutivas desta última. Intimamente ligada aos processos que transcendem o político, a crise democrática só pode ser compreendida com uma perspectiva crítica sobre a totalidade social.

O que é, exatamente, essa totalidade social? Muitos observadores e observadoras astutos a identificam com o neoliberalismo e não sem razão. É verdade, como sustenta Colin Crouch, que os governos democráticos hoje têm menos poder de fogo que corporações oligopolísticas de alcance global, recentemente liberadas do controle público — isso quando não foram totalmente capturados por elas.[2] Também é verdade, como afirma Wolfgang Streeck, que o declínio da democracia no Norte global coincide com uma revolta tributária coordenada pelo capital corporativo e com a instalação de mercados financeiros globais como os novos soberanos que os governos eleitos devem obedecer.[3] Também não se pode contestar o argumento de Wendy Brown de que o poder democrático está sendo esvaziado por dentro pelas racionalidades políticas neoliberais que valorizam a eficiência e a escolha e pelos modos de subjetivação que impõem a "autorresponsabilização" e

---

[2] Crouch, Colin. *The Strange Non-death of Neoliberalism*. Cambridge: Polity Press, 2011.
[3] Streeck, Wolfgang. *Tempo comprado: a crise adiada do capitalismo democrático*. Trad. Marian Toldy e Teresa Toldy. Coimbra: Actual, 2013.

a maximização do "capital humano".[4] Por fim, Stephen Gill tem razão ao insistir que a ação democrática está sendo apropriada por um "novo constitucionalismo" que estabelece a política macroeconômica neoliberal no âmbito transnacional por meio de tratados que consagram as restrições do livre-comércio como trunfos políticos e impedem a implantação de leis sociais e ambientais robustas e de interesse público, como o Acordo sobre Aspectos dos Direitos de Propriedade Intelectual Relacionados ao Comércio (*Agreement on Trade-Related Aspects of Intellectual Property* – TRIPS) e o Acordo de Livre-comércio da América do Norte (*North American Free Trade Agreement* – NAFTA).[5] Consideradas em separado ou lidas em conjunto, essas análises transmitem a ideia absolutamente plausível de que a ameaça a nossa democracia é o neoliberalismo.

Não obstante, o problema é ainda mais profundo. O neoliberalismo é, afinal de contas, uma forma de capitalismo; a atual crise democrática não é, de modo algum, a primeira do capitalismo e não é provável — se o capitalismo perdurar — que seja a última. Pelo contrário, *toda* grande fase do desenvolvimento capitalista levou a agitações políticas e foi transformada por elas. O capitalismo mercantil passou por distúrbios periódicos e acabou destruído por um imenso número de revoltas de pessoas escravizadas e revoluções democráticas nas metró-

---

[4] Brown, Wendy. *Undoing the Demos: Neoliberalism's Stealth Revolution*. Nova York: Zone Books, 2015.

[5] Gill, Stephen. "New Constitutionalism, Democratisation, and Global Political Economy". *Pacifica Review 10*, nº 1, 1998, p. 23–38. A respeito de uma afirmação mais recente, consulte Gill, Stephen. "Market Civilization, New Constitutionalism, and World Order" em Gill, Stephen e Cutler, A. Claire (ed.). *New Constitutionalism and World Order*. Cambridge, UK: Cambridge University Press, 2015, p. 29–44.

poles. Seu sucessor *laissez-faire* acumulou um bom século e meio de turbulências políticas, incluindo diversas revoluções socialistas e golpes fascistas, duas guerras mundiais e inúmeros levantes anticoloniais até dar lugar, na era entre e pós-guerra, ao capitalismo administrado pelo Estado. Este último regime também conheceu bem a crise política, tendo encarado uma onda maciça de rebeliões anticoloniais, um levante global da Nova Esquerda, uma Guerra Fria prolongada e uma corrida nuclear até sucumbir à subversão neoliberal, que conduziu ao atual regime de capitalismo globalizante e financeirizado.

Esse histórico lança outra luz sobre a atual crise democrática. As agruras políticas do neoliberalismo, por mais agudas que sejam, representam o mais recente capítulo de uma história mais longa, que tem a ver com as vicissitudes políticas do capitalismo como tal. Não só o neoliberalismo, mas o *capitalismo* está propenso à crise política e é hostil à democracia.

Essa é a premissa que conduz este capítulo. Aqui, discuto os atuais infortúnios da democracia como parte da crise geral do capitalismo financeirizado contemporâneo. Mas também sigo a prática dos capítulos anteriores ao defender uma tese mais forte: não só essa forma, mas *toda* forma de capitalismo abriga uma contradição que o inclina à crise política. Assim como as contradições discutidas anteriormente neste livro, essa contradição "política", como a denominarei, está inscrita no DNA do sistema. Nesse sentido, longe de representar uma anomalia, a crise democrática que vivenciamos hoje é a forma que essa contradição assume na atual fase financeirizada do capitalismo.

A contradição política do capitalismo "como tal"

Meu argumento se baseia na compreensão ampliada do capitalismo que formulei no capítulo 1. Como apontei ali, muitos pensadores de esquerda têm um entendimento muito estreito do capitalismo como um sistema econômico e nada mais. Com foco nas contradições internas da economia, esses autores equiparam a crise capitalista a disfunções econômicas, como depressões, falências em cadeia e colapsos do mercado. O efeito disso é impedir uma explicação completa das tendências do capitalismo à crise, omitindo suas formas de crises e contradições não econômicas. Acima de tudo, excluem-se as crises enraizadas nas *contradições entre campos* — contradições que aparecem quando os imperativos econômicos do capitalismo colidem com os imperativos reprodutivos dos campos não econômicos, cuja saúde é essencial para a continuidade da acumulação; isso sem falar do bem-estar humano.

Um exemplo, explorado no capítulo 3, é a contradição da reprodução social da sociedade capitalista. O segredo da acumulação já foi localizado corretamente por marxistas como o "terreno oculto" da produção da mercadoria, onde o capital explora o trabalho assalariado. Mas nem sempre esses autores tiveram uma compreensão completa de que esse processo depende do terreno ainda mais oculto do trabalho de cuidado não assalariado, em geral realizado por mulheres, que forma e repõe os sujeitos humanos que constituem a "mão de obra". Mesmo tendo uma dependência profunda dessas atividades de reprodução social, o capital ainda assim não concede a elas nenhum valor (monetizado), tratando-as como gratuitas, de disponibilidade infinita e fazendo pouco ou nenhum esforço para sustentá-las. Sem controle, portanto, e dado seu ímpeto implacável de acumulação ilimitada, o capitalismo corre sempre o risco de desestabilizar os mesmos processos de reprodução social de que depende.

Outro exemplo, formulado no capítulo 4, é a sua contradição ecológica. Por um lado, a acumulação do capital depende da natureza — tanto como "fonte", que fornece os insumos materiais e energéticos para a produção de mercadorias, quanto como "escoadouro" para absorver os resíduos desta última. Por outro lado, o capital denega os custos ecológicos que gera, presumindo, com efeito, que a natureza pode se repor de forma autônoma e infinita. Também nessas circunstâncias a serpente tende a devorar a própria cauda, canibalizando as condições naturais de que depende. Nos dois casos, uma contradição entre campos sustenta uma predisposição a um tipo de crise capitalista que transcende a econômica: a crise da reprodução social, no primeiro, e crise ecológica, no segundo.

Proponho agora aplicar a mesma lógica às atuais agruras da democracia e, desse modo, escapar da armadilha do politicismo. Vistos dessa forma, nossos impasses políticos da atualidade não parecem mais isolados. Ao contrário, estão enraizados em outra contradição entre campos: neste caso, entre os imperativos da acumulação de capital e a manutenção dos poderes públicos de que a acumulação também depende. O nó do problema pode ser colocado da seguinte forma: o poder público legítimo e eficaz é uma condição de possibilidade para a acumulação sustentada do capital; no entanto, o ímpeto de acumulação infinita do capital tende, ao longo do tempo, a desestabilizar os mesmos poderes públicos de que depende. Essa contradição, como argumentarei aqui, está na raiz de nossa atual crise democrática. Mas, como também sustentarei, essa crise está inextricavelmente intricada com os outros impasses do sistema e não pode ser resolvida por si só.

Poderes públicos

Investiguemos essa hipótese apontando, a princípio, que o capital depende de poderes públicos para estabelecer e fazer valer suas normas constitutivas. Afinal, a acumulação seria inconcebível na ausência de um marco legal que sustentasse a iniciativa privada e a troca mercadológica. Ela tem uma dependência crucial dos poderes públicos para garantir direitos de propriedade, fazer cumprir contratos e julgar controvérsias; reprimir rebeliões, manter a ordem e administrar a divergência; sustentar os regimes monetários que constituem a força vital do capital; realizar esforços para prevenir ou gerir crises; e sistematizar e impor tanto hierarquias de status oficiais, como aquelas que distinguem cidadãos de "estrangeiros", quanto aquelas não oficiais, como as que distinguem trabalhadores livres explorados, autorizados a vender sua força de trabalho dos "outros" dependentes expropriáveis, cujos ativos e pessoas podem simplesmente ser confiscados.

Historicamente, os poderes públicos em questão estiveram, na maioria, acomodados nos Estados territoriais, incluindo aqueles que operavam como poderes coloniais. Foram os sistemas jurídicos desses Estados que estabeleceram as arenas aparentemente despolitizadas dentro das quais os atores privados podiam correr atrás de seus interesses "econômicos", livres de interferência "política". Do mesmo modo, foram os Estados territoriais que mobilizaram uma "força legítima" para suprimir a resistência às expropriações por meio das quais as relações capitalistas de propriedade se originaram e sustentaram. Assim, também, foram os Estados nacionais que conferiram direitos subjetivos a algumas pessoas e negaram a outras. Foram esses Estados, por fim, que nacionalizaram e deram anuência ao dinheiro. Tendo assim constituído a economia capitalista, esses poderes políticos deram passos subsequentes para fortalecer a capacidade do capital de acumular lucros e enfrentar desafios. Eles construíram e fizeram a manutenção de infraestruturas, compensaram "falhas no mercado", conduziram o desenvolvimento econômico, sustentaram a reprodução social, mitigaram crises econômicas e administraram as consequências políticas associadas.

Mas isso não foi tudo. Uma economia capitalista também tem condições políticas de possibilidade no nível geopolítico. A questão aqui é a organização do espaço mais amplo em que os Estados territoriais estão incrustados. Esse é um espaço em que o capital pareceria se mover com grande facilidade, dado seu inerente impulso expansionista e profundo ímpeto para desviar a riqueza das regiões periféricas para seu centro. Mas sua capacidade de operar entre fronteiras, de se expandir por meio do comércio internacional e lucrar com a predação de povos subjugados depende não apenas do poder militar nacional imperial, mas também de arranjos políticos transnacionais: da lei internacional, de acordos negociados entre as grandes potências e de regimes supranacionais que pacificam, em parte (de forma conveniente ao capital), um espaço global por vezes imaginado como um estado natural. Ao longo de sua história, a economia do capitalismo dependeu das capacidades militares e organizacionais de uma sucessão de hegemonias globais, que buscaram promover a acumulação em uma escala que se expandia progressivamente no marco de um sistema político multiestatal.[6]

Assim, nos dois níveis — estatal territorial e geopolítico —, a economia capitalista tem dívidas profundas com poderes políticos externos a ela. Esses poderes "não econômicos" são indispensáveis a todos os grandes fluxos de acumulação: à exploração do trabalho (duplamente) livre e a produção e troca de

---

[6] Arrighi, Giovanni. *O longo século xx: dinheiro, poder e as origens de nosso tempo*. Trad. Vera Ribeiro. Rio de Janeiro: Contraponto; São Paulo: Editora unesp, 1996.

mercadorias; à expropriação de povos sujeitados e racializados e o desvio da riqueza da periferia para o centro; à organização do sistema financeiro, do espaço e do conhecimento; e ao acúmulo de juros e renda. Não sendo de modo algum acessórios marginais, as forças políticas (assim como a reprodução social e a natureza não humana) são elementos constitutivos da sociedade capitalista. Essencial para seu funcionamento, o poder público é parte intrínseca da ordem social institucionalizada que é o capitalismo.

Não obstante, a manutenção do poder político mantém uma relação tensa com o imperativo da acumulação de capital. O motivo disso está na topografia institucional característica do capitalismo, que separa o "econômico" do "político". Nesse sentido, as sociedades capitalistas diferem de formas anteriores, em que essas instâncias estavam efetivamente fundidas — como, por exemplo, na sociedade feudal, onde o controle do trabalho, da terra e da força militar estava nas mãos da única instituição de senhorio e vassalagem. Na sociedade capitalista, em contraposição, o poder econômico e o poder político são separados — a cada um é atribuída sua própria esfera, dotada de seu próprio meio e *modus operandi* característicos.[7] O poder de organizar a produção é privatizado e delegado ao capital, que deve mobilizar apenas as sanções "naturais" e "não políticas" da fome e da necessidade. A tarefa de governar as ordens "não econômicas", incluindo aquelas que fornecem as condições externas para a acumulação, fica com o poder público, que, sozinho, pode utilizar os meios "políticos" da lei e da "legítima" violência estatal. No capitalismo, portanto, o econômico é não político, e o político é não econômico.

---

[7] Wood, Ellen Meiksins. "The Separation of the Economic and the Political in Capitalism". *New Left Review 127*, 1981, p. 66–95.

Constitutiva do capitalismo como ordem social institucionalizada, essa separação impõe limitações severas ao escopo do político dentro dessa ordem. Delegando amplos aspectos da vida social ao domínio do "mercado" (na verdade, de grandes corporações), tal separação declara que esses aspectos estão fora dos limites da tomada de decisões democráticas, da ação coletiva e do controle público. O arranjo nos priva da capacidade de decidir coletivamente o que e quanto queremos produzir, com qual base energética e por meio de quais tipos de relações sociais. Também nos priva da capacidade de determinar como queremos utilizar o excedente social que produzimos coletivamente; como queremos nos relacionar com a natureza e as futuras gerações; como queremos organizar o trabalho da reprodução social e sua relação com aquela da produção. Assim, graças a sua estrutura inerente, o capitalismo é fundamentalmente antidemocrático. Mesmo no melhor dos casos, a democracia em uma sociedade capitalista deve ser forçosamente fraca e limitada.

Mas é típico da sociedade capitalista não estar na sua melhor forma e, seja qual for a democracia que consiga acomodar, esta também deve ser instável e insegura. O problema é que o capital, por sua própria natureza, tenta ter o melhor dos dois mundos. Por um lado, parasita o poder público, aproveitando-se dos regimes jurídicos, das forças repressivas, das infraestruturas e das agências reguladoras indispensáveis à acumulação. Ao mesmo tempo, a sede por lucro de tempos em tempos leva parcelas da classe capitalista à tentação de se rebelar contra o poder público, criticá-lo como inferior aos mercados e conspirar para enfraquecê-lo. Nesses casos, quando os interesses de curto prazo superam a sobrevivência de longo prazo, o capital mais uma vez ameaça destruir as condições políticas de sua própria possibilidade.

Aqui está, portanto, uma contradição política profundamente alojada na estrutura institucional da sociedade capitalista. Assim como outras contradições que discuti, esta também fundamenta uma tendência à crise não localizada "dentro" da economia, mas na fronteira que ao mesmo tempo separa e conecta a economia e a política na sociedade capitalista. Inerente ao capitalismo como tal, essa contradição entre campos inclina *todas* as formas de sociedade capitalista à crise política.

Crises políticas na história do capitalismo

Até aqui, discuti a estrutura dessa tendência à crise política para o capitalismo como tal. No entanto, a sociedade capitalista não existe "como tal", mas apenas em formas ou regimes de acumulação historicamente específicos. E longe de ser de maneira definitiva, a divisão constitutiva do capitalismo entre "o econômico" e "o político" está sujeita a contestação e transformação. Sobretudo em períodos de crise, atores sociais lutam pelas fronteiras que delimitam a economia e a política e, às vezes, conseguem redesenhá-las. No século XX, por exemplo, o acirramento da luta de classes obrigou os Estados a assumirem novas responsabilidades pela promoção do emprego e do crescimento econômico. Chegando ao século XXI, em contrapartida, partidários do "livre-mercado" alteraram as regras e práticas internacionais de modos que deram aos Estados fortes incentivos para abandonar esses esforços. O resultado disso, nos dois casos, foi uma revisão das fronteiras definidas anteriormente entre a economia e a política. Essa divisão se transmutou diversas vezes ao longo da história do capitalismo, assim como os poderes públicos que possibilitaram a acumulação em cada estágio.

Produtos do que chamei no capítulo 1 de "lutas de fronteira", essas mudanças marcaram transformações históricas na sociedade capitalista. Se adotarmos uma perspectiva que as coloque em primeiro plano, podemos distinguir análogos políticos dos quatro regimes históricos de acumulação que identifiquei nos capítulos anteriores: um regime inicial moderno do capitalismo mercantil, um regime de capitalismo liberal colonial no século XIX, um regime de capitalismo monopolista administrado pelo Estado de meados do século XX e o atual regime do capitalismo financeirizado globalizante. Em cada caso, as condições políticas da economia capitalista assumiram uma forma institucional diferente tanto nos níveis estatal territorial quanto geopolítico. Em cada caso, também, a contradição política da sociedade capitalista assumiu uma aparência diferente e encontrou uma expressão em um conjunto diferente de fenômenos de crise. Em cada regime, por fim, a contradição política do capitalismo incitou diferentes formas de luta social.

Considere, a princípio, a fase mercantil inicial do capitalismo, que dominou durante algumas centenas de anos, mais ou menos entre o século XVI e XVIII. Nessa fase, a economia do capitalismo era separada apenas em parte do Estado. Nem a terra, nem o trabalho eram mercadoria de fato e as normas morais e econômicas ainda governavam a maioria das interações cotidianas, mesmo nas cidades do coração da Europa. Os governantes absolutistas utilizavam seus poderes para regular o comércio dentro de seus territórios, mesmo que lucrassem com a pilhagem externa (levada a cabo pela força militar) e com o comércio de longa distância (organizado de forma capitalista primeiro sob a hegemonia genovesa e, depois, holandesa), por meio da expansão de um mercado mundial de pessoas escravizadas, metais preciosos e mercadorias de luxo. Disso decorreu uma divisão interna/externa: a regulação comercial dentro do território nacional e a "lei do valor" fora dela.

Embora tenha se mantido por um tempo, essa divisão não conseguiu se sustentar no final. As tensões dentro dessa ordem se intensificaram conforme a lógica do valor, que operava internacionalmente, começou a penetrar o espaço doméstico dos Estados europeus alterando as relações sociais entre proprietários de terras e seus dependentes e fomentando novos ambientes profissionais e comerciais nos centros urbanos, os quais se tornaram incubadoras do pensamento liberal e até revolucionário. Corrosivo e significativo na mesma medida foi o aumento do endividamento dos governantes. Desesperados por receita, alguns foram obrigados a convocar órgãos protoparlamentares que, no fim das contas, não conseguiram controlar. Em casos graves, isso levou à revolução.

Graças a essa combinação de corrosão econômica e agitação política, o capitalismo mercantil foi suplantado, no século XIX, por um novo regime, em geral chamado de capitalismo "liberal" ou "*laissez-faire*" — embora, como veremos, esses termos enganem muito. Nessa fase, a articulação entre economia e política foi reconfigurada. Os principais Estados capitalistas europeus já não utilizavam mais o poder público diretamente para regular o comércio interno. Em vez disso, construíram "economias" em que a produção e a troca pareciam operar de forma autônoma, livres do controle político evidente, por meio do mecanismo "econômico puro" da oferta e procura. O que estava na base dessa construção era uma nova ordem jurídica que consagrava a supremacia do contrato, da propriedade privada, dos mercados que definiam os preços e dos direitos subjetivos associados dos "indivíduos livres", vistos como negociadores distantes que maximizavam a utilidade. O efeito disso foi a institucionalização, no nível nacional, de uma divisão aparentemente bem marcada entre o poder público dos Estados, de um lado, e o poder privado do capital, de outro.

Mas, claro, durante todo esse tempo os Estados estavam utilizando o poder repressivo para abençoar as expropriações de terras que transformaram populações rurais em proletárias duplamente livres. Desse modo, estabeleceram as precondições de classe para a exploração do trabalho assalariado em grande escala, que, combinado à energia fossilizada, alimentaram a decolagem maciça da produção industrial e, com isso, uma intensa luta de classes. Em alguns Estados da metrópole, movimentos de trabalhadores militantes e aliados conseguiram forçar uma conciliação de classes. Homens trabalhadores da maioria étnica conquistaram o voto e a cidadania política, reconhecendo, com efeito, o direito do capital de reger o ambiente de trabalho e explorá-los nele. Na periferia, em contrapartida, não havia nenhuma conciliação desse tipo no horizonte. Abandonando qualquer falsa aparência de abstinência política, as potências coloniais europeias recrutaram o poder militar para reprimir as rebeliões anti-imperiais. Garantindo a continuidade da pilhagem generalizada das populações subjugadas, consolidaram o controle colonial com base no imperialismo de livre-comércio sob a hegemonia britânica. Tudo isso levanta dúvidas sobre a expressão "capitalismo *laissez-faire*" e me leva a falar, em vez disso, em "capitalismo colonial liberal".

Além disso, praticamente desde seu início esse regime foi assolado pela instabilidade, tanto econômica quanto política. Nos países democratizantes do centro, a igualdade política manteve uma relação tensa com a desigualdade socioeconômica; e os direitos políticos ampliados ali incomodavam as mentes de alguns com a sujeição brutal que acontecia na periferia. Igualmente corrosiva foi a contradição, diagnosticada pela pensadora política Hannah Arendt, entre o impulso ilimitado e transterritorializante da lógica do capitalismo colonial liberal e o caráter limitado e territorialmente restrito de suas políticas democráticas.[8] Portanto, não surpreende, como destacou Karl Polanyi em *A grande transformação*, que essa configuração economia-política tenha provado ser dominada por crises crônicas. Pelo lado econômico, o capitalismo "liberal" enfrentou crises, colapsos e pânicos periódicos; pelo lado político, gerou intensas lutas de classes, lutas de fronteira e revoluções — tudo incitando e sendo incitado pelo caos financeiro internacional, por rebeliões anticoloniais e guerras anti-imperialistas.[9] No século XX, as múltiplas contradições dessa forma de capitalismo já tinham entrado em metástase e se transformado em uma prolongada crise geral que, por fim, foi resolvida apenas após a Segunda Guerra Mundial, com a instalação de um novo regime.

Nesse novo regime capitalista administrado pelo Estado, os Estados do centro começaram a utilizar o poder público de forma mais proativa dentro de seus próprios territórios para prevenir ou mitigar crises. Fortalecidos pelo sistema Bretton Woods de controles do capital, estabelecido em 1944 sob a hegemonia dos Estados Unidos, investiram em infraestrutura, assumiram alguns custos da reprodução social, promoveram (e alguns chegaram perto) o pleno emprego e o consumo da

---

[8] Arendt, Hannah. *Origens do totalitarismo*. Trad. Roberto Raposo. São Paulo: Cia. das Letras, 2013. Sobre o conflito entre impulso transterritorial de acumulação ilimitada e a lógica territorial do domínio político, consulte também Harvey, David. "The 'New' Imperialism: Accumulation by Dispossession". *Socialist Register 40*, 2014, p. 63–87.

[9] Polanyi, Karl. *A grande transformação*. Trad. Fanny Wrobel. Rio de Janeiro: Editora Campus, 1980.

classe trabalhadora, aceitaram sindicatos como parceiros em acordos corporativistas trilaterais, conduziram o desenvolvimento econômico de forma ativa, compensaram as "falhas do mercado" e, de modo geral, disciplinaram o mercado para seu próprio bem. Tendo em parte o objetivo de garantir as condições para a acumulação sustentada do capital privado, essas medidas ampliaram o alcance da política e, ao mesmo tempo, a domaram: incorporaram estratos potencialmente revolucionários aumentando o valor de sua cidadania e concedendo a eles uma participação no sistema. O efeito disso foi a estabilização de questões durante décadas, mas com um custo. Os arranjos que entregaram uma "cidadania social" ao proletariado da maioria étnica da indústria no centro capitalista dependiam de algumas condições de fundo não tão bacanas: da dependência das mulheres por meio do salário familiar, das exclusões raciais e étnicas e da expropriação imperial permanente no que era então chamado de Terceiro Mundo. Esta última continuou, por meios antigos e novos, mesmo depois da descolonização, impondo limitações severas às capacidades dos Estados recém-independentes de estabilizar suas sociedades, conduzir o desenvolvimento e proteger suas populações da predação mediada pelo mercado. A consequência disso foi que se plantaram algumas bombas-relógios políticas, cuja detonação em algum momento viria a convergir com outros processos para derrubar esse regime.

No fim das contas, o capitalismo administrado pelo Estado também enfrentou suas próprias contradições, tanto econômicas quanto políticas. O aumento dos salários e a generalização dos ganhos de produtividade se combinaram com uma redução nas taxas de lucro da produção no centro, provocando novos esforços por parte do capital para libertar as forças do mercado da regulação política. Enquanto isso, surgiu uma

Nova Esquerda global para confrontar as opressões, exclusões e predações sobre as quais toda a estrutura se sustentava. O que se seguiu foi um longo período de crise, às vezes aguda, às vezes cozinhando em fogo baixo, durante a qual o arranjo capitalista administrado pelo Estado foi furtivamente suplantado pelo atual regime do capitalismo financeirizado — e é sobre ele que me debruçarei agora.

Golpe duplo

O capitalismo financeirizado refez a articulação entre economia e política mais uma vez. Nesse regime, os bancos centrais e as instituições financeiras globais substituíram os Estados como árbitros de uma economia cada vez mais globalizada. São eles, e não os Estados, que formulam muitas das regras mais importantes que regem as relações centrais da sociedade capitalista hoje: entre trabalho e capital, cidadãos e Estados, centro e periferia e — crucial para todos os anteriores — entre devedores e credores. Estas últimas relações são centrais para o capitalismo financeirizado e permeiam todas as demais. É em grande medida por meio do endividamento que o capital agora canibaliza o trabalho, disciplina os Estados, transfere o valor da periferia para o centro e suga a riqueza da sociedade e da natureza. Com a circulação da dívida entre Estados, regiões, comunidades, famílias e empresas, o resultado é uma mudança dramática na relação da economia com a política.

O regime anterior havia fortalecido os Estados para subordinar os interesses de curto prazo das empresas privadas ao objetivo de longo prazo da acumulação sustentada. Em contraste, este regime autoriza o capital financeiro a disciplinar os Estados e povos com base no interesse imediato dos investidores privados. O efeito disso é um golpe duplo. Por um lado, as instituições estatais antes (de algum modo) receptivas a cidadãos e cidadãs estão cada vez mais incapazes de resolver seus problemas e atender as suas necessidades. Por outro lado, os bancos centrais e as instituições financeiras globais que interditaram as capacidades estatais estão "politicamente independentes": não respondem aos povos e têm liberdade para agir em nome de investidores e credores. Enquanto isso, a escala dos problemas urgentes, como o aquecimento global, excede o alcance e a influência dos poderes públicos. Estes últimos, de qualquer modo, são superados pelas corporações transnacionais e pelos fluxos financeiros globais, que se esquivam do controle das agências políticas acorrentadas a territórios restritos. Como resultado geral, tem-se a crescente incapacidade dos poderes públicos de refrear os poderes privados. Daí vem a associação do capitalismo financeirizado com neologismos como "desdemocratização" e "pós-democracia".

A mudança para um regime centrado na acumulação por dívida surgiu com uma grande reestruturação da ordem internacional. Aqui foram centrais o desmantelamento do marco de Bretton Woods de controles de capital e a fixação das taxas de câmbio e conversibilidade em ouro por um lado, e a transformação do Banco Mundial e do Fundo Monetário Internacional em agentes de liberalização econômica por outro — dois movimentos incitados pelos Estados Unidos que serviram para prolongar sua hegemonia. Logo se seguiu, a partir dos anos 1980, o ataque liderado pelos Estados Unidos contra o Estado desenvolvimentista, primeiro via "Consenso de Washington" e, depois, via "ajuste estrutural". Com a imposição da liberalização sob a ameaça armada da dívida em grande parte do Sul global, os Estados endividados correram atrás de moeda forte, abrindo zonas de processamento de exportação e promovendo a emigração da mão de obra em prol das remessas. Enquanto isso, o remanejamento da indústria para a semiperiferia fortaleceu o capital em dois aspectos: primeiro, ao instituir uma guerra fiscal no Sul e, segundo, ao dizimar sindicatos poderosos no centro do capitalismo, enfraquecendo, assim, o apoio político à social-democracia. Enquanto isso, a abolição dos controles de capital e a criação do euro privaram quase todos os Estados do controle sobre suas moedas, colocando-os à mercê de mercados de títulos e agências de classificação de risco e incapacitando uma ferramenta crítica de gestão de crises.[10] Os Estados do centro foram empurrados para uma posição que já era bem conhecida daqueles da periferia: sujeição às forças econômicas globais sem qualquer esperança possível de controle.

Uma resposta foi uma mudança de política, cunhada de forma memorável por Colin Crouch, do keynesianismo público para o privatizado.[11] Enquanto o primeiro utilizava impostos e gastos para estimular a demanda de consumo, o segundo encorajou o endividamento de consumidores e consumidoras para manter seus níveis de gastos sempre altos em condições que seriam desfavoráveis, com queda dos salários reais, aumento da precarização e declínio das receitas tributárias arrecadadas das empresas. Essa mudança, elevada a novas e vertiginosas alturas pela "securitização", nos trouxe a crise do *subprime* que desencadeou algo próximo do colapso do sistema financeiro global em 2007–2008. O corolário deste último não poderia ter sido mais perverso. Longe de instigar uma profunda reestruturação da articulação economia-políti-

---

[10] A exceção são os Estados Unidos, que podem simplesmente aumentar a impressão dos dólares que servem como "dinheiro mundial".

[11] Crouch, Colin. *The Strange Non-death of Neoliberalism*. Cambridge: Polity Press, 2011.

ca, a resposta dos poderes constituídos solidificou o domínio dos credores privados sobre o poder público. Tendo arquitetado crises da dívida pública, os bancos centrais e as instituições financeiras globais obrigaram os Estados atacados pelos mercados de títulos a instituir políticas de "austeridade", o que significou servir seus cidadãos e cidadãs de bandeja para serem canibalizados pelos credores internacionais. A União Europeia, que já foi considerada a personificação da "democracia pós-nacional", correu para atender os banqueiros e investidores abrindo mão da alegação de legitimidade democrática aos olhos de muitas pessoas.

De modo geral, o capitalismo financeirizado é a era da "governança sem governo" — ou seja, a era da dominação sem a dissimulação do consentimento. Nesse regime, não são os Estados, mas as estruturas transnacionais de governança, como a União Europeia, a Organização Mundial do Comércio, o NAFTA e os TRIPS, que criam a maioria das regras levadas a cabo à força e que hoje regem imensas parcelas da interação social em todo o mundo. Sem responder a ninguém e atuando de forma descomunal pelos interesses do capital, esses órgãos estão "constitucionalizando" as noções neoliberais de "livre-comércio" e "propriedade intelectual", inculcando-as no regime global e se antecipando para suplantar a legislação trabalhista e ambiental democrática. Por fim, esse regime promoveu a captura do poder público pelo poder privado (corporativo) com uma variedade de meios ao mesmo tempo em que colonizou o anterior internamente, moldando seu *modus operandi* a partir daquele das empresas privadas.

O efeito geral disso foi o esvaziamento do poder público em todos os níveis. As agendas políticas estão reduzidas em todas as partes, tanto por decreto externo (as demandas "dos mercados", "o novo constitucionalismo") quanto pela cooptação interna (captura corporativa, privatização, alastramento da racionalidade política neoliberal). Declara-se que questões antes tratadas objetivamente dentro dos limites da ação política democrática agora estão do lado de fora e serão delegadas "aos mercados" — ou seja, em benefício do capital financeiro e corporativo. E quem se opuser que lamente. No atual regime, os promotores do capital miram descaradamente todos os poderes públicos e forças políticas que possam confrontar a nova ordenação, seja anulando eleições e referendos que rejeitem as medidas de austeridade — como aconteceu em 2015 na Grécia —, seja evitando a candidatura de figuras populares que se mostrem propensas a optar por esse caminho, como ocorreu no Brasil em 2017–2018. Enquanto isso, em toda essa era, os principais interesses capitalistas (as grandes produtoras de frutas, as grandes farmacêuticas, as grandes empresas de energia, a grande indústria armamentista e as grandes empresas de dados) continuaram sua histórica prática de promoção do autoritarismo e da repressão, do imperialismo e da guerra em todo o mundo. Devemos a elas, em grande parte, a atual crise de pessoas refugiadas, assim como aos atores estatais com quem estão conectadas.

Assim, de modo geral, o atual regime de acumulação gerou uma crise da governança democrática. Mas longe de ser isolada, essa crise se baseia nas dinâmicas contraditórias e autodesestabilizantes da sociedade capitalista. O que alguns chamam de nosso "déficit democrático" é, na verdade, a forma historicamente específica que a contradição política inerente ao capitalismo assume na atual fase, na qual a financeirização descontrolada inunda o campo político, diminuindo seu poder ao ponto em que este não pode mais resolver problemas urgentes, incluindo aqueles, como o aquecimento global, que ameaçam as perspectivas de acumulação de longo prazo — isso sem falar na vida no planeta Terra. Nessa fase do capitalismo, assim como em todas as outras, a crise democrática não é uma mera questão setorial, mas um dos aspectos de um complexo mais amplo de crises que inclui também outros: ecológico, reprodutivo social e econômico. Intricada de modo inextricável com as demais, nossa crise democrática atual é um elemento indissociável da crise geral do capitalismo financeirizado. Não se pode resolvê-la sem solucionar a crise geral e, portanto, sem transformar a ordem social, com raiz e tudo.

Uma encruzilhada histórica decisiva

Não obstante, há mais a se discutir a respeito da atual crise democrática. Até aqui, considerei-a principalmente a partir de uma perspectiva estrutural, como um desdobramento não acidental das contradições inerentes do capitalismo financeirizado. Essa perspectiva é indispensável, como argumentei aqui e nos capítulos anteriores. Mas não é suficiente para elucidá-la em toda a sua dimensão, que, como toda crise geral, também inclui uma dimensão hegemônica.

Uma crise, afinal, não é apenas uma oclusão no mecanismo social. Nem uma obstrução nos circuitos de acumulação, nem um bloqueio no sistema de governança merecem o rótulo de "crise" em seu verdadeiro sentido. Tal sentido inclui não apenas os impasses sistêmicos, mas também as respostas dadas pelos atores sociais a eles. Ao contrário das compreensões empobrecidas das "teorias de sistemas", nada conta mesmo como crise até ser vivenciada como tal. O que parece crise para quem observa de fora só se torna historicamente generativo quando seus participantes na sociedade passam a vê-lo *como* crise — quando, por exemplo, intuem que os problemas urgentes que vivenciam não surgem apesar da ordem estabelecida, mas precisamente *por causa* dela, e não podem ser resolvidos dentro dela. É somente aí, quando uma massa crítica decide que a ordem pode e deve ser transformada pela ação coletiva, que um impasse objetivo ganha uma voz subjetiva. É aí — e somente aí — que podemos falar de crise no sentido mais amplo de uma encruzilhada histórica decisiva que exige a tomada de uma decisão.[12]

Essa é exatamente nossa situação hoje. Não mais "apenas" objetivas, as disfunções políticas do capitalismo financeirizado encontraram um correlato subjetivo. O que poderia a princípio ter sido identificado por observadores como uma crise em si se tornou uma crise para si, conforme massas populacionais de todo o mundo fugiram da política tradicional. A ruptura mais dramática ocorreu em 2016, quando o eleitorado de duas grandes cidadelas do sistema financeiro global censuraram os arquitetos políticos do neoliberalismo e deram vitórias ao Brexit e a Donald Trump. Mas o processo já estava em curso, tanto lá quanto em outros lugares, conforme populações abandonaram os partidos centristas dominantes que promoviam a financeirização por arrivistas populistas que alegavam se opor a isso. Em muitas regiões, os populistas de direita conseguiram atrair o eleitorado da maioria étnica entre a classe trabalhadora prometendo "tomar o país de volta" do capital global, da "invasão" de imigrantes e das minorias raciais ou religiosas. Já os populistas de esquerda, embora alcançando menos conquistas eleitorais (exceto na América Latina e no sul da Europa) tiveram desempenho forte na sociedade civil militando pelos "99%" e pelas "famílias trabalhadoras", definidas de forma in-

---

[12] Koselleck, Reinhart. "Crisis". Trad. Michaela W. Richter. *Journal of the History of Ideas 67*, nº 2, abril de 2006, p. 357-400.

clusiva, e contra um sistema "manipulado" para favorecer "a classe bilionária".

Decerto essas formações políticas têm diferenças importantes entre si e a sorte de cada uma oscilou, aumentando e diminuindo nos anos seguintes. Mas consideradas em conjunto e vistas de modo geral, o surgimento de tais formas assinala uma mudança importante nos ventos políticos. Tendo atravessado o véu da lógica neoliberal e esvaziado seu romance com o mercado, a onda populista encorajou muitos a pensarem fora da caixinha. Com a ausência da "certeza" de que a melhor forma de alcançar a coordenação social seria via concorrência do livre-mercado global entre empresas privadas, o escopo da invenção política se expandiu e alternativas até aqui impensáveis se tornaram concebíveis. O resultado disso foi uma nova fase na gestação da crise capitalista. Uma "mera" aglomeração de impasses do sistema agora se torna uma crise generalizada de hegemonia.[13]

No centro dessa crise hegemônica está uma disputa em aberto sobre a atual fronteira entre economia e política. Já não mais autoevidente, a ideia de que o planejamento público é muito inferior aos mercados competitivos encontra agora forte resistência. Respondendo às mudanças climáticas, à pandemia de Covid-19, também ao inchaço da desigualdade de classe e à desenfreada injustiça racial, social-democratas com energia renovada se unem a populistas e socialistas democráticos com o objetivo de reabilitar o poder público. Adotando o enquadramento nacional, alguns desses setores defendem uma ação

---

[13] Para uma análise mais completa da dimensão hegemônica da crise atual da democracia, consulte Fraser, Nancy. *O velho está morrendo e o novo não pode nascer*. São Paulo: Autonomia Literária, 2020.

governamental vigorosa para proteger cidadãos e cidadãs dos efeitos devastadores da financeirização — econômicos, ecológicos, sociais e políticos. Outros, militantes da justiça ambiental e do altermundismo, vislumbram novos poderes públicos, de escopo global ou transnacional, com peso e alcance para refrear os investidores e superar as ameaças transfronteiriças contra o bem-estar do planeta. Há, sem dúvida, divergências em termos da profundidade da reestruturação necessária. Social-democratas e populistas acreditam que os governos podem garantir emprego e renda, saúde pública e um planeta habitável sem perturbar as relações de propriedade e a dinâmica de acumulação subjacentes do capitalismo. Socialistas e ecologistas radicais discordam. Mas o fato de haver um debate público sobre essas questões já prova que a lógica neoliberal desmoronou. Também atesta outra coisa: existe hoje um eleitorado substancial, ainda que fragmentado internamente, que busca redesenhar a fronteira entre economia e política para fortalecer a capacidade da segunda de governar a primeira.

Essa proposta ganhou um reforço com a pandemia de Covid-19. A despeito dos surtos de libertarianismo contra máscaras e vacinas e da defesa fanática da economia acima de tudo, o coronavírus serviu como uma cartilha de defesa do poder público, da necessidade urgente de ação pública para manter infraestruturas e garantir cadeias de abastecimento; para achatar a curva de infecções impondo a obrigatoriedade do uso de máscaras, do distanciamento social e do isolamento; para reduzir a transmissão com testagem, rastreamento e isolamento de pessoas infectadas; para desenvolver, financiar, testar, aprovar e distribuir vacinas e tratamentos; para proteger trabalhadores e trabalhadoras da linha de frente e populações de risco; para dar apoio à renda e manter padrões de vida; para organizar o cuidado e a educação — tudo de formas que garantissem uma distribuição equitativa dos ônus e bônus. O que aconteceu foi que nenhuma dessas necessidades vitais podia ser atendida pelo setor privado. As extremas disparidades nacionais nas consequências comprovou esse aspecto. Quando a questão foi reduzir as taxas de infecção e salvar vidas, os países onde a cultura política valorizava o poder público e autorizava sua mobilização ampla e proativa tiveram um desempenho muito melhor que aqueles onde havia menosprezo e restrição ao uso desse poder. Se vivêssemos em um mundo racional, o neoliberalismo já estaria se apagando da memória.[14]

Vivemos, no entanto, em um mundo capitalista, onde, por definição, há abundância de irracionalidade. Assim, não podemos supor que a crise atual será resolvida de forma rápida ou sem briga. Pelo contrário, os representantes do capital financeiro e corporativo mantêm um domínio sólido sobre as alavancas institucionais do poder nos níveis transnacional e global, onde regras e práticas neoliberais continuam vigentes e ainda bloqueiam os esforços populares de engendrar um novo curso. Além disso, no nível nacional, os representantes do capital ainda fazem manobras, com grande sucesso, para manter ou recuperar o poder político, a despeito de enfrentarem evidente oposição. Eles consolidam apoio até mesmo — ou sobretudo — onde seus adversários populistas chegam ao poder e decepcionam.

Esse último cenário se deu nos Estados Unidos, onde Donald Trump, ao assumir a presidência em 2016, abandonou as políticas para a classe trabalhadora defendidas em sua campanha em favor de alternativas voltadas ao setor corporativo.

---

[14] Para uma discussão mais completa sobre a pandemia de Covid como uma "orgia de irracionalidade e injustiça capitalista", consulte o Epílogo.

Apesar dos esforços hercúleos de distração, explorando ao máximo bodes expiatórios exacerbados, um número suficiente de apoiadores de Trump abandonou o barco em um punhado de estados indecisos cruciais, selando sua derrota em 2020 para, surpreendentemente, um antigo membro do governo Obama que prometeu restaurar o antigo *status quo* progressista neoliberal — apesar de esse ter sido o regime que criou as condições iniciais que levaram ao trumpismo e que continuarão a alimentá-lo até o fim.[15] É preciso reconhecer, no entanto, que os governos populistas de esquerda também decepcionaram. Não faltaram falhas internas entre eles, sem dúvida, mas seu descarrilamento envolveu uma boa dose de forças externas: veja o Syriza [Coligação da Esquerda Radical] na Grécia, derrotada por uma "trinca" da União Europeia determinada a demonstrar que não se permitiria manter de pé nenhum esforço sincero de priorizar as necessidades de 99% da população sobre aquelas dos investidores.

De qualquer modo, há algo de oco em Trumps, Bolsonaros, Modis, Erdogans, et al. Lembrando "O Mágico de Oz", eles são como *showmen* que se ataviam e pavoneiam na frente da cortina, enquanto o verdadeiro poder se esconde atrás dela. O verdadeiro poder, claro, é o capital: as megacorporações, os grandes investidores, os bancos e as instituições financeiras cuja sede insaciável por lucro condena bilhões de pessoas ao redor do planeta a vidas tolhidas e reduzidas. E mais, os *showmen* não têm soluções para os problemas de seus apoiadores, mas estão articulados com as mesmas forças que criaram esses problemas. A única coisa que conseguem é distrair com truques e espetáculos. Conforme os impasses se agravam e as

---

[15] Fraser. *O velho está morrendo e o novo não pode nascer*. São Paulo: Autonomia Literária, 2020.

soluções não se materializam, esses testas de ferro são levados a aumentar a aposta com mentiras cada vez mais esdrúxulas e ataques mais violentos contra bodes expiatórios. É certo que essa dinâmica deverá se intensificar até alguém puxar a cortina e expor a farsa.

E é exatamente isso que a oposição progressista convencional não conseguiu fazer. Longe de desmascarar os poderes atrás da cortina, as correntes dominantes da "resistência" estão há muito entrelaçadas com eles. Esse é o caso das alas meritocráticas liberais de movimentos sociais de popularidade, como o feminismo, o antirracismo, os direitos LGBTQ+ e o ambientalismo. Operando na hegemonia liberal, há anos esses grupos funcionam como sócios minoritários de um bloco progressista neoliberal que também inclui setores "de pensamento vanguardista" do capital global (TI, setor financeiro, mídia, entretenimento). Assim, os progressistas também serviram como *frontmen*, embora de modo diferente: lançando uma aparência de carisma emancipatório sobre a economia política predatória do neoliberalismo.

O resultado disso — que não haja dúvida — ficou longe de ser emancipatório. Não foi "só" que essa aliança profana arruinou as condições de vida da imensa maioria e, assim, criou o solo que cultivou a direita. Além disso, ela associou o feminismo, o antirracismo etc. ao neoliberalismo, garantindo que, quando a barragem finalmente rompesse e as massas da população rejeitassem este último, grande parte dela também rejeitaria aqueles primeiros. E é por isso que o principal beneficiário, ao menos até aqui, foi o populismo da direita reacionária. Também é por isso que estamos agora em um impasse político, como presas de uma batalha de distração fraudulenta entre dois grupos de *frontmen* rivais, um retrógrado, outro progressista, enquanto os poderes atrás da cortina riem no caminho até o banco.

Para onde isso nos leva hoje? Na ausência de novos realinhamentos, enfrentamos um terreno agitado sem bloco dominante hegemônico de ampla legitimidade nem qualquer adversário contra-hegemônico plausível evidente. Nessa situação, o cenário mais provável a curto prazo apresenta uma série de movimentos pendulares, em que os governos oscilam de um lado a outro entre o abertamente neoliberal (progressista ou retrógrado, favorável à diversidade ou excludente, liberal democrático ou protofascista) e o dito antineoliberal (populista de esquerda ou de direita, social-democrata ou comunitarista), e onde a combinação precisa será determinada em cada caso por especificidades nacionais.

Essas oscilações políticas marcam o presente como um interregno: um período em que, nas palavras de Antonio Gramsci, "o velho está morrendo e o novo não pode nascer". A duração desse interregno é uma incógnita, assim como a probabilidade de sua degradação até um autoritarismo absoluto, uma grande guerra ou um colapso catastrófico em vez de um "mero" e lento desenrolar. De qualquer forma, os impasses do sistema continuarão a triturar nossos modos de vida até o momento em que um bloco contra-hegemônico plausível possa ser construído. Até lá, viveremos (e morreremos) em meio a uma imensa variedade de "sintomas mórbidos" que marcam a agonia do capitalismo financeirizado e a crise geral que ele forjou.

Aconteça o que acontecer, uma coisa já está evidente: crises como essa não acontecem todo dia. Historicamente raras, elas representam pontos de virada na história do capitalismo, momentos de decisão em que o formato da vida social está em disputa. Nesses momentos, a pergunta que não quer calar é: quem o sucederá na construção de uma contra-hegemonia viável, e com qual base? Quem, em outras palavras, guiará o processo de transformação social, no interesse de quem e para qual finalidade? Como vimos, o processo pelo qual a crise geral leva à reorganização social se desenrolou diversas vezes na história moderna, em grande medida em benefício do capital. Por meio desse processo, o capitalismo se reinventou uma e outra vez mais. Na busca por restabelecer a lucratividade e a oposição inofensiva, seus defensores redesenharam a divisão economia-política, reconfigurando esses dois "campos", assim como a relação de uma com a outra e com a reprodução social, com a natureza não humana, e com a raça e o império. Ao fazer isso, reorganizaram não apenas o modo de dominação política, mas também as formas estabelecidas de exploração e expropriação — e, portanto, a dominação de classe e a hierarquia de status, bem como a sujeição política. Reinventando essas fissuras mais uma vez, muitas vezes conseguiram canalizar as energias rebeldes para novos projetos hegemônicos que, de forma esmagadora, beneficiam o capital.

Esse processo se repetirá hoje?

A luta para resolver a atual crise democrática, assim como essa própria crise, não pode se limitar a um setor da sociedade ou a um componente da crise geral. Longe de se referir apenas a instituições políticas, ela nos coloca as questões mais fundamentais e gerais da organização social: onde desenharemos a linha que separará a economia da política, a sociedade da natureza, a produção da reprodução? Como distribuiremos nosso tempo entre trabalho e lazer, vida familiar, política e sociedade civil? Como utilizaremos o excedente social que produzimos coletivamente? E quem exatamente decidirá essas questões? Aqueles que angariam lucros conseguirão transformar as contradições do capitalismo em novas oportunidades de acumulação para a riqueza privada? Será que cooptarão importantes componentes da rebelião, mesmo ao reorganizar a dominação social? Ou será que a revolta de massas contra o capital finalmente será, como escreveu Walter Benjamin, "o ato pelo qual a raça humana que viaja nesse trem [desenfreado] aciona o freio de emergência"?[16]

A resposta depende, em parte, de como compreendemos a crise atual. Se ficarmos nas interpretações politicistas conhecidas, faremos uma leitura das agruras da democracia como uma espécie isolada de problema político. Atribuiremos valores morais à necessidade de civilidade, bipartidarismo e respeito à verdade e, ao mesmo tempo, ignoraremos as profundas fontes estruturais do problema. Navegaremos magnânimos sobre as preocupações dos "deploráveis" incivilizados, desconsideraremos as reivindicações daquelas massas críticas ao redor do planeta que estão rejeitando o neoliberalismo e exigindo mudanças fundamentais. Ao não reconhecer suas queixas legítimas (por mais equivocadas que sejam suas interpretações e orientações), nós nos tornaremos irrelevantes na construção de uma contra-hegemonia na luta da atualidade. A alternativa, como esbocei aqui, é ver as agruras atuais da democracia como expressões de contradições profundas inculcadas na estrutura institucional do capitalismo financeirizado — ou seja, como

---

[16] Walter Benjamin, "Paralipomena to 'On the Concept of History'" em Eiland, Howard e Jennings, Michael W. (ed.). *Walter Benjamin: Selected Writings, Vol. 4, 1938–40*. Trad. Edmund Jephcott et al. Cambridge: Belknap Press, 2006, p. 402. A frase é de uma das notas preparatórias de "Sobre o conceito de história", mas não aparece na versão final. A citação completa é a seguinte: "Marx afirmou que as revoluções são as locomotivas da história do mundo. Mas talvez as coisas sejam bem diferentes. Pode ser que as revoluções sejam o ato pelo qual a raça humana que viaja nesse trem aciona o freio de emergência."

um componente de uma crise geral turbulenta de nossa ordem social. Afora suas forças substantivas, essa interpretação tem ainda o mérito de oferecer algum direcionamento prático. Apontando a direção correta para nós, ela nos desafia a arrancar a cortina, identificar o verdadeiro culpado e desmantelar a ordem antidemocrática disfuncional que é o capitalismo.

No entanto, não está tão claro o que deve substituir o capitalismo canibal. Examino alguns possíveis cenários no próximo capítulo.

6 Nutrindo a reflexão: que sentido deve ter o socialismo no século XXI?

Comecei este livro apontando, no capítulo 1, que o "capitalismo" estava de volta. Que adequado, então, concluí-lo aqui afirmando o mesmo sobre o "socialismo". Essa palavra também está de volta graças, em parte, a sua longa trajetória histórica como nome proeminente ao se falar de uma alternativa ao capitalismo. Se o retorno do palavrão que começa com *c* ao debate público reflete o atual estado fraturado da hegemonia neoliberal, não deve nos surpreender ver o reaparecimento também do nome do que começa com a letra *s*.

De qualquer modo, o "socialismo" também está de volta! Há décadas o termo era considerado um constrangimento: um fracasso desprezado e relíquia de uma era passada. Mas não mais. Pelo menos não nos Estados Unidos.[1] Hoje, políticos estadunidenses como Bernie Sanders e Alexandra Ocasio-Cor-

---

[1] Se o ressurgimento do interesse no socialismo é um fenômeno que acontece em grande medida nos Estados Unidos, é provável que seja porque a palavra teve tão pouca circulação aqui nas últimas décadas que escapou da associação com o neoliberalismo, que o manchou em outros lugares. Sobretudo na Europa, os partidos socialistas desempenharam papéis importantes na consolidação da política neoliberal, levando o termo a cheirar mal, principalmente entre ativistas jovens. Nos Estados Unidos, em contrapartida, o sentimento antissocialista não vem da oposição à esquerda contra o neoliberalismo, mas das forças de direita que reciclaram os clichês da Guerra Fria. A postura "velha guarda" destas últimas

tez se orgulham do rótulo e aglutinam apoio enquanto organizações como os Socialistas Democráticos dos Estados Unidos (Democratic Socialists of America) atraem novos membros em massa. Mas o que exatamente querem dizer com "socialismo"? Por mais bem-vindo que seja, o entusiasmo com o termo não se traduz automaticamente em uma reflexão séria sobre seu conteúdo. Qual é o significado exato que "socialismo" tem ou deveria ter na era atual?

Os argumentos dos capítulos anteriores sugerem uma resposta. A concepção ampliada de capitalismo delineada neles implica que precisamos de uma concepção ampliada de socialismo também. Afinal, uma vez abandonada a visão de capitalismo como uma economia, não podemos mais compreender o socialismo como um sistema econômico alternativo. Se o capital está programado para canibalizar os apoios "não econômicos" da produção de mercadorias, então uma alternativa desejável deve ir além de socializar a propriedade dos meios de produção. Para além desse desiderato — que eu apoio de todo o coração —, ela também deve transformar a relação da produção com suas condições de possibilidade de fundo: a saber, a reprodução social, o poder público, a natureza não humana e as formas de riqueza que estão fora dos circuitos oficiais do capital, mas ainda a seu alcance. Em outras palavras, como explicarei, um socialismo para nosso tempo deve superar não apenas a exploração do trabalho assalariado pelo capital, mas também seu parasitismo sobre o trabalho de cuidado não remunerado, os poderes públicos e as riquezas expropriadas dos povos sujeitados e racializados e da natureza não humana.

---

pode ter, na verdade, tornado o termo mais atraente entre jovens militantes, talvez até infundindo-o de especial prestígio.

Esse ponto convida a uma ressalva logo de saída: expandir a ideia de socialismo não é acrescentar epiciclos a ele. Longe de apenas anexar mais características às compreensões recebidas, será necessário transformar o próprio conceito. Isso é, com efeito, o que busquei fazer a respeito do capitalismo nos capítulos anteriores tratando como estruturalmente essenciais a ele questões em geral consideradas secundárias — sobretudo gênero/sexualidade, raça/império, ecologia e democracia. Neste capítulo, busco fazer o mesmo com relação ao socialismo. Meu objetivo é reconcebê-lo, também, como uma ordem social institucionalizada, tão abrangente quanto o capitalismo e que pode, portanto, reivindicar-se como alternativa plausível a ele. Desse modo, espero lançar uma nova luz também sobre muitos *topoi* clássicos do pensamento socialista: dominação e emancipação; classe e crise; propriedade, mercados e planejamento; e trabalho necessário, tempo livre e excedente social. Cada uma dessas questões deve assumir uma aparência diferente quando passarmos a ver também o socialismo como mais do que uma economia. O que deve aparecer também são os contornos de um socialismo que difere e muito do Comunismo Soviético, por um lado, e da social-democracia, por outro — um socialismo para o século XXI.

Devo começar, no entanto, revisitando o capitalismo, que é o ponto de partida necessário para as discussões sobre o socialismo. O socialismo, afinal, não deve ser um "mero dever" ou sonho utópico. Se vale a pena discuti-lo agora, é porque ele sintetiza possibilidades reais historicamente emergentes: potenciais para a liberdade, o bem-estar e a felicidade humana que o capitalismo trouxe para perto do alcance, mas não pode realizar. Outro aspecto de igual importância é que o socialismo é uma resposta aos impasses e injustiças do capitalismo: para as obstruções periódicas que o sistema provoca e não pode superar de forma definitiva; e para as formas de dominação que estão tão profundamente arraigadas nele que não podem ser erradicadas dentro dele. O socialismo, em outras palavras, afirma curar os males do capitalismo. Assim, é por aí que precisamos começar.

Então, o que é exatamente o capitalismo? E o que há de errado nele?

O que é capitalismo? Recapitulando

Podemos ser breves ao tratar da primeira questão, recapitulando o argumento dos capítulos anteriores. Neles, reconcebemos o capitalismo como uma ordem social institucionalizada que inclui quatro condições não econômicas para a possibilidade de uma economia capitalista. A primeira, formulada no capítulo 2, é um grande fundo de riqueza expropriada de povos subjugados, sobretudo racializados, consistindo, acima de tudo, em terra, recursos naturais e trabalho dependente mal remunerado ou não remunerado. Efetivamente roubada, essa riqueza serve como fluxo contínuo de insumos produtivos baratos ou gratuitos pelos quais o capital paga pouco ou nada. A eles, mistura outros insumos, incluindo o trabalho assalariado (duplamente) livre, cujos custos de reprodução (supostamente) remunera. O verdadeiro segredo da acumulação, assim, é a combinação dessas duas "ex". Sem a expropriação de povos sujeitados, a exploração dos trabalhadores livres não seria lucrativa. Ainda assim, o capital denega sua dependência da riqueza expropriada e se recusa a pagar por sua reposição.

Uma segunda precondição não econômica para uma economia capitalista foi exposta no capítulo 3: a saber, um fundo considerável de trabalho não remunerado e mal remunerado dedicado à reprodução social, em sua maioria realizado por mulheres. Esse trabalho de cuidado, que "faz" seres humanos, é indispensável para o que o sistema chama de produção, que faz coisas para produzir lucro. Sem o trabalho reprodutivo, como vimos, não haveria "trabalhadores", nem "força de trabalho", nem tempo de trabalho necessário ou excedente, nem exploração ou mais-valor, nem lucro, nem acumulação de capital. Ainda assim, o capital outorga ao trabalho de cuidado pouco ou nenhum valor, sem se preocupar com sua reposição, e busca evitar pagar por ele na medida em que pode.

Uma terceira precondição não econômica para a economia capitalista, discutida no capítulo 4, é um grande fundo de insumos gratuitos ou muito baratos advindos da natureza não humana. Esses recursos abastecem o substrato material indispensável da produção capitalista: as matérias-primas que o trabalho transforma; a energia que move as máquinas; os alimentos que movem os corpos; e uma variedade de pré-requisitos ambientais de modo geral, como terra agricultável, ar respirável, água potável e as capacidades de armazenamento de carbono da atmosfera terrestre. Sem esses insumos e pré-requisitos, não haveria produtores econômicos, nem reprodutoras sociais, nem riqueza para expropriar ou trabalho livre para explorar, nem capital ou classe capitalista. Ainda assim, o capital trata a natureza como um depósito de tesouros de que pode se servir livremente *ad infinitum* e que não precisa repor nem reparar.

Uma quarta e última precondição para uma economia capitalista é um grande conjunto de bens públicos oferecidos por Estados e outros poderes públicos. Como vimos no capítulo 5, isso inclui ordens jurídicas, forças repressivas, infraestruturas, ofertas monetárias e mecanismos para administrar crises sistêmicas. Sem esses bens públicos — e os poderes públicos para garanti-los —, não haveria ordem social, nem crédito, nem propriedade, nem troca e, logo, nem acumulação sustentada. Ainda assim, o capital tende a se ressentir do poder público e busca sonegar os impostos necessários para sustentá-lo.

Cada uma dessas quatro condições representa um pilar indispensável de uma economia capitalista. Cada um abriga relações sociais, atividades sociais e riqueza social que, juntas, formam a condição *sine qua non* da acumulação. Por trás das instituições oficiais do capitalismo — trabalho assalariado, produção, troca e atividade financeira — estão seus apoios necessários e as condições que o tornam possível: famílias, comunidades, natureza; Estados territoriais, organizações políticas e sociedades civis; e, não menos importante, quantidades imensas e múltiplas formas de trabalho expropriado e não remunerado. Aspectos fundamentais da sociedade capitalista, esses apoios são também elementos constitutivos dela.

Ao identificar essas condições de fundo denegadas, chegamos a uma resposta heterodoxa para nossa pergunta inicial — o que é o capitalismo? O capitalismo não é uma economia, mas um tipo de *sociedade* em que uma arena de atividades e relações economicizadas é demarcada e separada de outras zonas não economicizadas, das quais aquelas primeiras dependem, mas denegam. Uma sociedade capitalista compreende uma "economia" distinta (e dependente) de uma "política" ou ordem política; uma arena de "produção econômica" distinta (e dependente) de uma zona de "reprodução social"; um conjunto de relações de exploração distintas (e dependentes) de relações denegadas de expropriação; e um campo sócio-histórico de atividade humana distinto (e dependente) de um substrato material de natureza não humana.

Ao adotar essa perspectiva, substituímos a visão estreita e aceita de capitalismo por uma nova visão ampliada. Essa mudança traz consequências importantes para o projeto de reimaginação do socialismo. Ela muda — de fato amplia — nossa noção do que há de errado no capitalismo e do que precisa ser feito para transformá-lo.

O que há de errado no capitalismo?

Críticos que adotam a visão estreita de capitalismo veem três grandes problemas intrínsecos nele: injustiça, irracionalidade e falta de liberdade. Primeiro, identificam a injustiça central do sistema na exploração, pelo capital, da classe de trabalhadores e trabalhadoras livres sem propriedade. Estes trabalham muitas horas de graça, produzindo uma enorme riqueza sem receber nenhuma parcela dela. Em vez disso, os benefícios escorrem para a classe capitalista, que se apropria do mais-trabalho da classe trabalhadora e do mais-valor gerado no processo reinvestindo-o de acordo com seu próprio desígnio sistematicamente imposto — a saber, para acumular ainda mais dele. A maior consequência disso é o crescimento exponencial implacável do capital como um poder hostil que domina os mesmos trabalhadores e trabalhadoras que o produzem. Essa é a injustiça central identificada pela visão estreita: a exploração de classe do trabalho assalariado no ponto da produção. Seu *locus* é a economia capitalista, especificamente a esfera da produção econômica.

Em segundo lugar, na visão estreita a principal irracionalidade do capitalismo é sua tendência intrínseca à crise econômica. Um sistema econômico orientado à acumulação ilimitada de mais-valor, apropriado de forma privada por empresas que visam o lucro é inerentemente autodesestabilizante. O ímpeto de expansão do capital aumentando a produtividade por meio de avanços tecnológicos resulta em quedas periódicas na taxa de lucro, na superprodução de bens e na superacumulação de capital. As tentativas de consertar isso, como a financeirização, apenas adiam o dia do acerto de contas, ao mesmo tempo que garantem que esse dia será ainda mais grave quando enfim chegar. Em geral, a trajetória do desenvolvimento capitalista é pontuada por crises econômicas periódicas: por ciclos de grande crescimento e colapso, quebras de mercados de ações, pânicos financeiros, falências em cadeia, liquidações de valor em massa e desemprego em massa.

Por fim, a visão estreita propõe que o capitalismo é profunda e constitutivamente antidemocrático. É verdade que o sistema muitas vezes promete democracia no campo político. No entanto, essa promessa é sistematicamente solapada pela desigualdade social, de um lado, e pelo poder de classe, do outro. Assim, também, o ambiente de trabalho capitalista está isento de qualquer pretensão de autogovernança democrática. Trata-se de uma esfera onde o capital comanda e os trabalhadores e trabalhadoras obedecem. Dessa forma, a visão estreita atribui três males principais ao capitalismo em geral: injustiça no sentido da exploração de classe, irracionalidade no sentido de propensão à crise econômica e ausência de liberdade no sentido de que a democracia é solapada pela desigualdade social e pelo poder de classe. Em todos esses casos, o problema surgiria das dinâmicas internas da *economia* do capitalismo. Desse modo, os males do capitalismo residiriam, na visão estreita, em sua organização econômica.

Esse quadro não está exatamente errado, mas sim incompleto. Embora acerte ao identificar as mazelas econômicas inerentes ao sistema, não registra uma variedade de injustiças, irracionalidades e ausências de liberdade *não econômicas* igualmente constitutivas. Quando adotamos a concepção ampliada de "canibal", em contrapartida, esses outros males se tornam evidentes.

Em primeiro lugar, a visão do capitalismo como canibal revela um catálogo ampliado de injustiças. Longe de habitar exclusivamente *dentro* da economia do sistema, elas estão enraizadas nas relações *entre* a economia capitalista e suas condições não econômicas de possibilidade. Um bom exemplo disso é a divisão entre a produção econômica — onde o tempo de trabalho necessário é remunerado em ordenados — e a reprodução social, onde esse tempo não é remunerado ou é mal remunerado, naturalizado ou sentimentalizado e recompensado, em parte, com amor. Historicamente marcada pela separação de gênero, essa divisão consolida grandes formas de dominação no coração das sociedades capitalistas: a subordinação das mulheres, o binarismo de gênero e a heteronormatividade.

Do mesmo modo, as sociedades capitalistas instituem uma divisão estrutural entre trabalhadores e trabalhadoras (duplamente) livres, que podem trocar sua força de trabalho pelos custos de sua reprodução, e os "outros" dependentes, cujos indivíduos, terras e trabalho podem simplesmente ser tomados. Essa divisão coincide com a linha global. Desassociando aquelas pessoas "meramente" exploráveis das absolutamente expropriáveis, racializa este último grupo como se sua violação fosse inerente. O resultado disso é a consolidação de uma variedade de injustiças, que incluem a opressão racial, o imperialismo (velho e novo), a despossessão indígena e o genocídio.

Por fim, as sociedades capitalistas instituem uma divisão profunda entre seres humanos e natureza não humana, que deixam de pertencer ao mesmo universo ontológico. Reduzida a fonte e escoadouro, a natureza não humana fica aberta à brutalidade do extrativismo e da instrumentalização. Se essa não é uma injustiça contra a "natureza" (ou contra os animais não humanos), é, no mínimo, uma injustiça contra as gerações atuais e futuras de seres humanos a quem é deixado um planeta cada vez mais inabitável.

Assim, de modo geral, uma visão ampliada de sociedade capitalista visibiliza um catálogo ampliado de injustiças estruturais, que inclui a exploração de classe, mas vai muito além dela. Uma alternativa socialista deve corrigir essas outras injustiças também. Longe de "simplesmente" transformar a organização da produção econômica, deve também transformar a relação desta com a reprodução social e, com ela, as ordens sexual e de gênero. Do mesmo modo, deve também eliminar o parasitismo do capital contra a natureza e sua expropriação da riqueza de povos subjugados e, com isso, a opressão racial-imperial. Em suma, se é para o socialismo corrigir as injustiças do capitalismo, deve-se transformar não "apenas" a economia capitalista, mas toda a ordem institucionalizada que constitui a sociedade capitalista.

Mas não é só isso. A concepção ampliada também expande nossa visão do que conta como crise capitalista. Podemos agora ver algumas propensões autodesestabilizantes intrínsecas, para além daquelas internas à economia do capitalismo. Há, primeiro, uma tendência sistêmica de canibalizar a reprodução social e, portanto, provocar crises do cuidado. Na medida em que o capital tenta evitar pagar pelo trabalho de cuidado não remunerado de que depende, periodicamente coloca uma enorme pressão sobre as principais fornecedoras desse trabalho: famílias, comunidade e, sobretudo, mulheres. A atual forma financeirizada da sociedade capitalista está gerando exatamente uma crise dessas hoje, ao exigir a redução dos custos da provisão pública de serviços sociais e, ao mesmo tempo, o aumento das jornadas de trabalho assalariado por família, incluindo das mulheres.

A visão ampliada também visibiliza uma tendência inerente à crise ecológica. Por evitar pagar qualquer coisa perto dos verdadeiros custos de reposição dos insumos que toma da natureza não humana, o capital esgota o solo, polui os oceanos, inunda sumidouros de carbono e sobrecarrega a capacidade de armazenamento de carbono do planeta. Servindo-se da riqueza natural e, ao mesmo tempo, denegando seus custos de reparo e reposição, periodicamente desestabiliza a interação metabólica entre os componentes humanos e não humanos da natureza. Somos atingidos pelas consequências hoje. Afinal, o que ameaça incinerar o planeta não é a "Humanidade", mas, sim, o capitalismo.

As tendências à crise ecológica e reprodução social do capitalismo são inseparáveis de sua necessidade constitutiva de riqueza expropriada de povos racializados: sua dependência de terras roubadas, trabalho forçado e minerais saqueados; de zonas racializadas como depósitos de lixo tóxico e de povos racializados como fornecedores de trabalho de cuidado mal remunerado, cada vez mais organizado em cadeias globais de cuidado. O resultado disso é um entrelaçamento de uma crise econômica, ecológica e social com imperialismo e antagonismo étnico-racial. O neoliberalismo aumentou a aposta aqui também.

Por fim, a visão ampliada do capitalismo expõe uma tendência estrutural à crise política. Aqui, também, o capital quer o melhor dos dois mundos vivendo dos bens públicos pelos quais tenta não pagar. Pronto para sonegar impostos e enfraquecer regulações de Estados, tende a esvaziar os próprios poderes públicos de que depende. A atual forma financeirizada do capitalismo leva esse jogo a um nível completamente novo. Megacorporações com maior poder de fogo acorrentaram poderes públicos territorialmente, enquanto o setor financeiro global disciplina Estados, ridicularizando eleições que vão contra ele e impedindo governos anticapitalistas de atender reivindicações populares. O resultado disso é uma grande crise de governança, agora lado a lado com uma crise de hegemonia, conforme massas populacionais de todo o planeta abandonam a lógica neoliberal e os partidos políticos estabelecidos.

Assim, de modo geral, a visão ampliada nos mostra que o capitalismo abriga múltiplas tendências à crise para além da econômica. Como explicado no capítulo 5, acompanho Karl Polanyi (e James O'Connor) na compreensão dessas tendências como contradições "entre campos", alojadas nas juntas que separam — e conectam — a economia capitalista e suas condições não econômicas de possibilidade de fundo. Atrelado à lógica dos quatro Ds, que expliquei nos capítulos anteriores, o capital apresenta uma tendência intrínseca de corroer, destruir e exaurir — mas, de qualquer modo, desestabilizar — suas próprias pressuposições. Assim como o Ouroboros, devora a própria cauda. A autocanibalização também faz parte do que há de errado na sociedade capitalista e do que o socialismo precisa superar.

Há, por fim, o déficit democrático intrínseco ao capitalismo. Esse terceiro mal também parece muito maior quando adotamos a visão ampliada desse sistema social. O problema não está apenas nos patrões que comandam o chão de fábrica. Também não está apenas na desigualdade econômica e no poder de classe que ridicularizam qualquer pretensão de igualar a voz democrática no campo político. Tem a mesma importância — se não mais — o fato de que esse campo foi gravemente mutilado desde o início. De fato, a divisão economia-política reduz radicalmente de antemão o escopo da tomada de decisões democráticas. Quando a produção é delegada às empresas privadas, não somos nós, mas a classe de capitalistas que controla nossa relação com a natureza e o destino do planeta, como vimos no capítulo 4. Do mesmo modo, não somos nós, mas essa classe que determina o formato de nossas vidas no trabalho e para além dele, decidindo como distribuímos nossas energias e nosso tempo, como interpretamos e saciamos nossas necessidades. Por fim, ao autorizar a apropriação privada do excedente da sociedade, o nexo economia-política do sistema permite que os capitalistas moldem o curso do desenvolvimento social e, assim, determinem nosso futuro. Todas essas questões são eliminadas de antemão da agenda política nas sociedades capitalistas. Os investidores determinados a alcançar a acumulação máxima tomam essas decisões pelas nossas costas. Assim, longe de se canibalizar sozinho, o capitalismo também nos canibaliza devorando nossa liberdade coletiva de decidir em conjunto como vamos viver. Para superar essa forma de canibalização, o socialismo deve ampliar o escopo do autogoverno político democrático para muito além de seus atuais limites esquálidos.

O que é socialismo?

Se o socialismo tem o objetivo de corrigir *todos* os males do capitalismo, a empreitada é grande. É preciso inventar uma nova ordem social que supere não "apenas" a dominação de classe, mas também as assimetrias de sexo e gênero, a opressão imperial, étnica, racial e a dominação política em todos os sentidos. Do mesmo modo, deve desinstitucionalizar múltiplas tendências de crise: não "só" a econômica e financeira, mas também a ecológica, a da reprodução social e a política. Por fim, um socialismo para o século XXI deve alargar amplamente o alcance da democracia — e não "só" democratizando a tomada de decisões dentro da zona "política" predefinida. Mais fundamentalmente, deve democratizar a própria definição e demarcação, os próprios enquadramentos que constituem "o político".

Definida dessa forma, a tarefa de repensar o socialismo para o século XXI é imensa. Se o trabalho for realizado (e esse "se" é importante), será por meio de esforços combinados de muitas pessoas, incluindo militantes, teóricos e teóricas, conforme as contribuições vindas da luta social entram em sinergia com o pensamento programático e a organização política. Na esperança de contribuir com esse processo, quero oferecer três conjuntos de reflexões breves, com o intuito de mostrar como a discussão anterior lança nova luz sobre alguns *topoi* clássicos do pensamento socialista.

O primeiro está relacionado às fronteiras institucionais. Elas surgem, como vimos, das separações institucionais do capitalismo: a disjunção entre produção e reprodução, exploração e expropriação, entre o econômico e o político, a sociedade humana e a natureza não humana. Como explicado nos capítulos anteriores, essas divisões estão prontas para se tornar locais de crise e apostas de luta nas sociedades capitalistas. Portanto, para os e as socialistas, a questão de como e se as esferas sociais são delimitadas e conectadas entre si tem ao menos a mesma importância que a questão de como se dá a nossa organização interna. Em vez de se concentrar apenas de um lado, na organização interna da economia (ou, enfim, da natureza, da família ou do Estado), as pessoas socialistas precisam pensar sobre a relação da economia com suas condições de possibilidade de fundo: a reprodução social, a natureza não humana, as formas não capitalizadas de riqueza e o poder público. Se o socialismo deve superar *todas* as formas institucionalizadas da irracionalidade, da injustiça e da ausência de liberdade capitalista, deve reimaginar as relações entre produção e reprodução, sociedade e natureza, entre o econômico e o político.

A questão não é ter o objetivo de liquidar essas divisões de uma vez por todas. Pelo contrário, o esforço soviético desastroso de abolir a distinção entre o "político" e o "econômico" pode servir de alerta geral contra a liquidação. Mas podemos — e devemos — reconceber as fronteiras institucionais que herdamos da sociedade capitalista. Devemos no mínimo ter como objetivo redesenhá-las para que questões urgentes relegadas ao econômico pelo capitalismo se tornem políticas ou sociais. Devemos contemplar a transformação de seu caráter, tornando as fronteiras mais difusas e porosas. Devemos, sem dúvida, encontrar uma forma de tornar compatíveis e mutuamente responsivos, não antitéticos e não antagônicos os diversos domínios que elas separam mutuamente. Sem dúvida, uma sociedade socialista deve superar a tendência do capitalismo de instituir jogos de soma zero, que tiram da natureza, do poder público e da reprodução social o que eles dão à produção.

Um aspecto ainda mais importante é que devemos inverter as atuais prioridades entre esses domínios. Ao passo que as sociedades capitalistas subordinam os imperativos da reprodução ecológica, política e social àqueles da produção de mercadorias — ela em si orientada à acumulação —, os e as socialistas precisam colocar as coisas do lado certo: estabelecer o cuidado das pessoas, a proteção da natureza e o autogoverno democrático como as maiores prioridades da sociedade, acima da eficiência e do crescimento. Com efeito, o socialismo deve colocar diretamente em primeiro plano essas questões que o capital relega a seu plano de fundo denegado.

Por fim, um socialismo para o século XXI deve democratizar o processo de elaboração do desenho institucional. Isso significa fazer do desenho e escopo dos domínios sociais uma questão *política*. Em suma, o que o capitalismo decidiu *para nós* pelas nossas costas deve agora ser decidido *por nós* em decisões democráticas tomadas pelo coletivo. Portanto, nós é que devemos nos engajar no que teóricos e teóricas do direito chamam de "reconfiguração de domínios" ("*redomaining*"): redesenhar as fronteiras que demarcam as arenas sociais e decidir o que incluir dentro de seus limites.[2] Esse processo pode ser visto como "metapolítico", ou seja, como mobilizador de processos políticos (de segunda ordem) de reconfiguração de domínios para constituir democraticamente espaços políticos (de primeira ordem).[3] Aqui, com efeito, somos nós que decidimos politicamente quais questões serão tratadas de modo político e em quais arenas políticas.

Para ser genuinamente democrática, no entanto, a reconfiguração socialista de domínios deve ser justa. O que isso significa, em parte, já está nítido. Primeiro, a tomada de decisões deve ser inclusiva e adequada — em cada questão a ser considerada, todas as pessoas afetadas ou submetidas devem ter direito de participar.[4] Além disso, a participação deve se dar em igualdade de condições: a democracia exige paridade de participação e, assim, não é compatível com a dominação estrutural.[5]

---

[2] Assis, Mariana Prandini. "Boundaries, Scales and Binaries of Women's Human Rights: An Examination of Feminist Confrontations in the Transnational Legal Sphere". Tese de doutorado, The New School for Social Research, 2019.

[3] Fraser, Nancy. *Reframing Justice: The 2004 Spinoza Lectures* (Amsterdã: Van Gorcum, 2005) e "Reenquadrando a justiça em um mundo globalizado" (Trad. Ana Carolina Freitas Lima Ogando e Mariana Prandini Fraga Assis. *Lua Nova 77*, 2009, p. 11–39).

[4] Para uma discussão mais completa sobre esse aspecto, consulte Fraser. *Reframing Justice* e Fraser, Nancy. "Publicity, Subjection, Critique: A Reply to My Critics" em Nash, Kate (ed.). *Transnationalizing the Public Sphere*. Malden: Polity Press, 2014.

[5] A respeito da paridade de participação e a incompatibilidade entre democracia e dominação, consulte Fraser, Nancy e Honneth, Axel. *Redistribution or Recognition? A Political-Philosophical Ex-*

Mas há outra ideia menos conhecida que também deve guiar o processo. Pode chamar de "esquema pré-pago". Evitando todas as formas de parasitismo e da chamada acumulação primitiva, o socialismo do século XXI deve garantir a sustentabilidade de todas aquelas condições de produção que o capitalismo destruiu de forma tão insensível. Em outras palavras: uma sociedade socialista deve se encarregar de reabastecer, reparar e repor toda a riqueza que utiliza na produção e na reprodução. Primeiro, deve reabastecer o trabalho que produz valores de uso (incluindo o trabalho de cuidado que sustenta as pessoas), bem como o trabalho que produz mercadorias. Além disso, deve repor toda a riqueza que toma "de fora" — dos povos e sociedades periféricos e também da natureza não humana. Por fim, deve reabastecer as capacidades políticas e os bens públicos de que se vale para atender outras necessidades. Em outras palavras: não deve haver parasitismo do tipo que o capitalismo ao mesmo tempo incentiva e denega. Essa é uma condição *sine qua non* para a superação da injustiça intergeracional endêmica da sociedade capitalista. Será apenas observando isso que um socialismo para o século XXI poderá desmantelar as múltiplas tendências a crises e irracionalidades do capitalismo.

Isso me leva ao segundo conjunto de reflexões, relacionado à questão socialista clássica do excedente. O excedente é o fundo de riqueza, qualquer que seja, que a sociedade gera coletivamente e que supera o necessário para se reproduzir em seu atual nível e em sua atual forma. Nas sociedades capitalistas, como já apontei, o excedente é tratado como propriedade privada da classe capitalista e é consumido por seus proprietários,

---

change. Londres: Verso, 2003. Trad. Joel Golb, James Ingram e Christiane Wilke.

a quem o sistema compele a reinvesti-lo na esperança de produzir ainda mais excedente, sucessivamente, sem limite. Isso, como já vimos, é tanto injusto quanto autodesestabilizante.

Uma sociedade socialista deve democratizar o controle sobre o excedente social. Deve distribuir o excedente democraticamente, decidindo, de forma coletiva, exatamente o que fazer com as capacidades e recursos que existem em excesso — assim como quanta capacidade em excesso deseja produzir no futuro e, de fato, se deseja produzir algum excedente diante do aquecimento global. Assim, o socialismo deve desinstitucionalizar o imperativo do crescimento incutido na sociedade capitalista. Como alguns ecologistas hoje argumentam, isso não significa que devemos institucionalizar o decrescimento como contraimperativo incutido. Significa, ao contrário, que devemos tornar a questão do crescimento (quanto, se houver; de que tipo, como e onde) uma questão política a ser decidida via reflexão multidimensional, com base em informações da ciência climática. Na verdade, um socialismo para o século XXI deve tratar todas essas questões como políticas sujeitas à decisão democrática.

O excedente também pode ser pensado como tempo: tempo que sobra depois do trabalho necessário para atender nossas necessidades e reabastecer o que utilizamos — portanto, o tempo que poderia ser livre. A perspectiva do tempo livre tem sido um eixo central em todas as análises clássicas de liberdade socialista, incluindo a de Marx. No entanto, seria improvável que o tempo livre fosse uma possibilidade iminente nos primeiros estágios do socialismo. O motivo disso está na imensa conta não paga que a sociedade socialista herdaria do capitalismo. Embora o capitalismo se orgulhe de sua produtividade, e embora o próprio Marx o considerasse um verdadeiro motor de produção de excedente, eu tenho minhas dúvidas.

O problema é que Marx avaliou o excedente quase que exclusivamente no tempo de trabalho não remunerado que o capital toma dos trabalhadores assalariados depois de produzirem valor suficiente para cobrir seus próprios custos de vida. Em contrapartida, o autor deu muito menos atenção às dádivas gratuitas e pechinchas que o capital expropria e apropria, e ainda menos atenção ao fracasso do sistema de cobrir os custos de reprodução *delas*. E se incluíssemos *esses* custos em nosso cálculo? E se o capital tivesse que pagar pelo trabalho reprodutivo gratuito, pelo reparo e reabastecimento ecológico, pela riqueza expropriada de pessoas racializadas, pelos bens públicos? Quanto excedente teria de fato produzido? Essa, naturalmente, é uma pergunta retórica. Não é possível saber como exatamente alguém poderia tentar respondê-la. Mas o que *dá* para saber é que uma sociedade socialista herdaria uma conta graúda de séculos de custos não pagos.

Também herdaria uma conta graúda pelas imensas necessidades humanas não atendidas em todo o planeta: necessidades relacionadas a saúde, habitação, alimentação nutritiva (e deliciosa), educação, transporte e assim por diante. Esses aspectos também não devem ser contabilizados como investimento excedente, mas sim como questões de absoluta necessidade. O mesmo se dá para o imenso e urgente empenho em descarbonizar a economia mundial — tarefa que não é de modo algum opcional. De modo geral, a questão do que é necessário e o que é excedente assume uma aparência diferente à luz de nossas concepções ampliadas de capitalismo e socialismo.

A mesma questão se aplica a um terceiro grande *tópos* da teoria social: o papel dos mercados em uma sociedade socialista. Sobre essa questão, as implicações da concepção de capitalismo canibal podem ser condensadas em uma fórmula simples: nenhum mercado no topo, nenhum mercado na base, mas possivelmente alguns mercados no meio. Explico.

Chamo de "topo" a distribuição do excedente social. Supondo que haja um excedente social a ser distribuído, deve-se considerá-lo uma riqueza coletiva da sociedade como um todo. Nenhum indivíduo, empresa ou Estado pode detê-lo, nem ter direito de consumi-lo unilateralmente. Como propriedade de fato coletiva, o excedente deve ser distribuído via processos coletivos de tomada de decisões e planejamento — planejamento que pode e deve ser organizado democraticamente. Os mecanismos de mercado não devem desempenhar nenhum papel nesse nível. A regra aqui é: nenhum mercado nem propriedade privada no topo.

O mesmo se dá para "a base", no sentido do nível das necessidades básicas: moradia, roupas, alimentação, educação, saúde, transporte, comunicação, energia, lazer, água limpa e ar respirável. É verdade, evidentemente, que não podemos especificar de uma vez por todas o que exatamente conta como necessidade básica e o que exatamente é preciso para atendê-la. Isso também deve estar sujeito a discussão, contestação e tomada de decisões democráticas. Mas qualquer decisão deve ser tomada como uma questão de direito, não com base na capacidade de se pagar por ela. Isso significa que os valores de uso que produzimos para atender essas necessidades não podem ser mercadorias. Devem, em vez disso, ser bens públicos. E isso, a propósito, leva a um obstáculo fundamental nas propostas de renda básica universal (RBU) ou incondicional, que envolve pagar em dinheiro para as pessoas comprarem coisas que atendam suas necessidades básicas tratando, assim, a satisfação de necessidades básicas como mercadoria. Uma sociedade socialista deve tratá-las, pelo contrário, como bens públicos. Não deve haver mercados na base.

Portanto, sem mercados na base e no topo. E no meio? As pessoas socialistas devem imaginar o meio como um espaço de experimentação com uma combinação de possibilidades: um espaço onde os mercados podem encontrar um lugar, ao lado de cooperativas, comuns, associações auto-organizadas e projetos autogeridos. Muitas objeções feitas ao mercado pelo socialismo tradicional se dissolveriam ou diminuiriam no contexto que estou visualizando aqui, pois sua operação não alimentaria, nem seria distorcida por dinâmicas de acumulação de capital e apropriação privada do excedente social. Uma vez que topo e base são socializados e desmercantilizados, a função e o papel dos mercados no meio seriam transformados. Essa proposta parece bastante clara, mesmo que não possamos especificar agora exatamente o modo como isso se daria.

Muitas dessas incertezas clamam por reflexão e esclarecimento por parte daquelas pessoas que buscam desenvolver uma concepção ampliada de socialismo para o século XXI. A visão que esbocei aqui é abertamente parcial e preliminar. Ela aborda apenas um subconjunto das questões mais urgentes e relevantes e o faz de forma francamente exploratória. Não obstante, espero ter demonstrado os méritos dessa maneira de abordar a questão sobre qual deve ser hoje o sentido do socialismo. Um desses méritos é a perspectiva de superar o economicismo de concepções geralmente aceitas. Outro é a oportunidade de demonstrar a relevância do socialismo para uma ampla gama de preocupações atuais para além daquelas em que os movimentos tradicionais de trabalhadores e trabalhadoras se concentram: a saber, a reprodução social, o racismo estrutural, o imperialismo, a desdemocratização e o aquecimento global. Ainda, uma terceira vantagem é a capacidade de lançar uma nova luz sobre alguns *topoi* clássicos do pensamento socialista, incluindo as fronteiras institucionais, o excedente social e o papel dos mercados.

Para além de tudo isso, espero ter mostrado uma coisa mais simples, mas mais importante: que vale muito a pena se empenhar no projeto socialista no século XXI; que longe de continuar sendo um mero jargão ou relíquia da história, o socialismo deve se tornar o nome de uma alternativa genuína ao sistema que hoje está destruindo o planeta e frustrando nossas chances de viver bem, livres e democraticamente.

Epílogo macrófago
Por que a Covid é uma orgia capitalista canibal

Macrófago, s.

termo utilizado hoje sobretudo na imunologia; literalmente "grande comilão", do grego μακρός (makrós, "grande") e φαγεῖν (fagein, "comer")

A maior parte deste livro foi escrita antes do surgimento da Covid-19. Nos anos pré-pandêmicos, quando eu estava desenvolvendo a concepção ampliada de capitalismo, concentrei-me na elaboração de diversos "terrenos ocultos" que permitem a acumulação de capital na economia oficial. O resultado, que está diante de você, inclui um conjunto de capítulos — cada um focado em uma dessas precondições necessárias, mas denegadas: reprodução social e expropriação racializada, a ecologia do planeta e o poder político. Em cada caso, busquei revelar o caráter contraditório e propenso a crises de uma ordem social que está estruturalmente pronta para canibalizar as bases de sua própria existência: para engolir o trabalho de cuidado e devorar a natureza, desviscerar o poder público e abocanhar a riqueza de populações racializadas. Em cada caso, indiquei também que nenhum desses frenesis glutônicos agem de forma monológica, isolados dos demais. Pelo contrário, estão todos entrelaçados em uma crise arrebatadora na qual habitamos hoje.

O surto de Covid-19 oferece uma demonstração didática desses entrelaçamentos. No momento em que escrevo, em abril de 2022, a pandemia é o ponto onde todas as contradições do capitalismo canibal convergem: onde a canibalização da natureza e do trabalho de cuidado, da capacidade política e das populações periferizadas se fundem em uma farra letal. Verdadeira orgia de disfunção capitalista, a Covid-19 estabelece, sem dúvida nenhuma, a necessidade de se abolir esse sistema social de uma vez por todas.

Para entender o motivo, veja a natureza. Não foi nada menos que a canibalização do capital contra esse apoio vital de sua própria existência (e da nossa!) que expôs os seres humanos ao SARS-COV-2. Abrigado historicamente por morcegos em cavernas remotas, o coronavírus que causou a Covid-19 deu o salto zoonótico para nós em 2019, por meio de uma espécie intermediária ainda não identificada — possivelmente o pangolim. O que colocou os morcegos em contato com esse intermediário e, depois, este em contato conosco já está evidente: por um lado, os efeitos combinados do aquecimento global e, por outro, o desmatamento de florestas tropicais. Também já está evidente que esses dois processos são crias do capital, movidos por sua sede insaciável de lucro. Juntos, desvisceram os habitats de inúmeras espécies, desencadeando migrações em massa, criando novas proximidades entre organismos que antes ficavam distantes e agora se veem em situação de estresse, e promovendo novas circulações de patógenos entre eles. Essa dinâmica já provocou uma série de epidemias virais, todas transmitidas de morcegos para seres humanos via "hospedeiro amplificador": o HIV pelo chimpanzé, o Nipah pelo porco, a SARS pela civeta, a MERS pelo camelo e, agora, a Covid-19, possivelmente transmitida pelo pangolim. Outras virão. Essas epidemias são subprodutos não acidentais de uma ordem social que coloca a natureza à mercê do capital. Incentivados a se apropriar da riqueza biofísica da forma mais rápida e barata possível, sem responsabilidade pela reparação e pela reposição, aqueles dedicados a acumular lucros dizimam florestas tropicais e bombardeiam a atmosfera de gases do efeito estufa. Determinados a acumular em todas as eras, mas extremamente fortalecidos pela neoliberalização, eles abriram as portas para uma avalanche cada vez maior de pragas letais.

Os efeitos da Covid nos seres humanos seriam terríveis em quaisquer condições. Mas são agravados e se tornam incalculáveis por outro componente da crise atual, arraigado em outra contradição estrutural da sociedade capitalista agudizada ao limite na era neoliberal. Afinal, não foi "só" a natureza que o capital canibalizou nesse período, mas também o poder público. Esse também é um ingrediente essencial de sua dieta, consumido com voracidade em todas as fases do desenvolvimento do sistema, mas devorado com ferocidade particular nos últimos 40 anos. E é aí que está a questão. As capacidades políticas que encheram o bucho do capital financeirizado são precisamente aquelas que poderíamos ter usado para mitigar a pandemia. Mas não tivemos essa sorte. Muito antes do surto da Covid, a maioria dos Estados se curvou às demandas dos "mercados" cortando gastos sociais, inclusive na infraestrutura da saúde e na pesquisa de base. Com algumas exceções — notadamente Cuba —, os Estados retiraram suprimentos de equipamentos que salvam vidas (equipamentos de proteção individual, ventiladores, seringas, medicamentos e kits de testagem), estriparam capacidades diagnósticas (testagem, rastreamento, modelagem e sequenciamento genético) e encolheram as capacidades de coordenação e tratamento (hospitais públicos, unidades de tratamento intensivo e instalações para produção, armazenamento e distribuição de vacinas). Além disso, por terem desviscerado a infraestrutura pública, nossos governantes delegaram funções vitais do atendimento na saúde a prestadoras de serviços de saúde, convênios, farmacêuticas e fabricantes movidos pelo lucro. Essas empresas, constitutivamente desinteressadas e desembaraçadas do interesse público, controlam hoje a maior parcela das forças de trabalho relacionado à saúde no mundo, assim como das matérias-primas, do maquinário e das estruturas de produção, das cadeias de abastecimento e da propriedade intelectual, das instituições e equipes de pesquisa, que, juntos, determinam nossos destinos, individuais e coletivos. Comprometidas com a preservação de seus fluxos de lucros, elas formam uma força privada maior, que bloqueia a ação pública articulada em prol da humanidade. Os efeitos disso são trágicos, mas não surpreendem. Um sistema social que sujeita questões de vida e morte à "lei do valor" já estava pronto, desde o início, para abandonar milhões não contabilizados para a Covid-19.

Mas isso não é tudo. O colapso de sistemas públicos já enfraquecidos convergiu com outra contradição estrutural da sociedade capitalista, centrada na reprodução social. Sempre parte da dieta básica do capital, o trabalho de cuidado foi engolido com voracidade nos últimos anos. O mesmo regime que desinvestiu na infraestrutura pública de cuidado também fez sindicatos quebrarem e forçou a queda dos salários, obrigando o aumento das jornadas de trabalho remunerado por família, inclusive o das principais cuidadoras. Descarregando o trabalho de cuidado nas famílias e comunidades ao mesmo tempo em que desviava as energias necessárias para realizá-lo, o neoliberalismo transformou a tendência inerente do capital de desestabilizar a reprodução social na calamidade aguda do cuidado. O advento da Covid também intensificou esse componente da crise despejando novas e importantes tarefas de cuidado sobre famílias e comunidades, sobretudo mulheres, que ainda realizam a maior parte do trabalho de cuidado não remunerado. No *lockdown*, o cuidado e a educação das crianças passaram para as casas das pessoas, deixando essas cargas, acumuladas sobre outras, para pais e mães em espaços domésticos confinados e inadequados para esses fins. Muitas mulheres com emprego acabaram pedindo demissão para cuidar dos filhos e de outros familiares, enquanto muitas outras foram demitidas por seus empregadores. Os dois grupos enfrentarão perdas significativas em termos de cargos e salários se e quando voltarem à força de trabalho. Um terceiro grupo, privilegiado por conseguir manter o emprego e trabalhar remotamente enquanto realiza o trabalho de cuidado — incluindo o de crianças confinadas em casa — elevou a execução de múltiplas tarefas ao mesmo tempo ao nível da loucura. Um quarto grupo, não tão delimitado por gênero, recebe o honorífico título de "trabalhadores essenciais", mas ganha uma ninharia e é tratado como descartável, obrigado a enfrentar a ameaça da infecção todos os dias, ao lado do medo de levá-la para casa, para produzir e distribuir as coisas que permitiram que outros ficassem isolados. Em cada um desses casos, o trabalho da reprodução social, agora inchado pela pandemia, ainda recai em grande medida sobre as mulheres, como foi em todas as fases da história capitalista. Mas quais mulheres acabam em cada categoria depende de classe e cor.

Afinal, o racismo estrutural tem sido central em todas as fases do desenvolvimento do sistema, sem exceção na atual. Ao contrário do que apregoam ortodoxias de esquerda, a acumulação do capital age não apenas pela exploração de trabalhadores e trabalhadoras assalariados (duplamente) livres, mas também pela expropriação de populações dependentes que foram despidas de poder político e direitos efetivos. Essa distinção entre exploração e expropriação corresponde à linha de cor global. Recurso inerente à sociedade capitalista, a predação racial-imperial imbui todos os aspectos da atual crise. No nível global, impacta a geografia da devastação ecológica, em que o capital sacia sua sede de "natureza barata" em grande medida apoderando-se de terras, energia e riqueza mineral de populações racializadas. Privadas dos meios de se defender e sujeitas a subjugação, escravização, genocídio e despossessão, essas populações carregam uma fatia indevida da carga ambiental global. Com uma vulnerabilidade desproporcional a despejo de resíduos tóxicos, "desastres naturais" e múltiplos impactos letais do aquecimento global, elas se veem hoje no último lugar da fila para receber vacinas e tratamentos.

Já no nível nacional, cor influencia os componentes políticos e de reprodução social da crise, pois populações racializadas em muitos países tiveram negado seu acesso a condições que promovem a saúde: atendimento médico acessível e de alta qualidade, água limpa, alimentos nutritivos, condições seguras de trabalho e vida. Assim, não surpreende que seus membros foram desproporcionalmente infectados e mortos pela Covid. Não é um grande mistério: os motivos são pobreza e atendimento inferior na saúde; condições de saúde pré-existentes relacionadas a estresse, má nutrição e exposição a toxinas; sobrerrepresentação nos trabalhos da linha de frente que não podem ser realizados de forma remota; ausência de recursos que permitiriam recusar trabalhos inseguros; arranjos inferiores de habitação e vida que não permitem o distanciamento social e facilitam a transmissão; e acesso reduzido a tratamentos e vacinas. Combinadas, essas condições ampliaram o sentido do lema "Vidas Negras Importam" [*Black Lives Matter*], entrando em sinergia com a referência original à violência policial e ajudando a inflamar os imensos protestos de maio e junho de 2020, após o assassinato de George Floyd nas mãos da polícia de Mineápolis.

Além disso, cor tem um profundo entrelaçamento com classe — no sistema-mundo capitalista, de modo geral, e no atual período em particular. Na verdade, as duas coisas são inseparáveis, como mostra a categoria "trabalhadores essenciais". Para além dos profissionais médicos, essa designação contempla agricultores e agricultoras migrantes, imigrantes que trabalham em frigoríficos e abatedouros, pessoas que trabalham nos depósitos da Amazon, motoristas da UPS, auxiliares de enfermagem que trabalham nas casas de pacientes, profissionais da limpeza de hospitais, quem trabalha na reposição e no caixa de supermercados e quem atua por aplicativo entregando compras e refeições. Sendo ainda mais perigosos em tempos de Covid, esses trabalhos são, na maioria, mal pagos, precarizados e não sindicalizados, desprovidos de benefícios e proteções trabalhistas. Sujeitos a controle e supervisão invasivos, oferecem pouca autonomia e perspectiva de crescimento e capacitação. Também são atividades realizadas desproporcionalmente por mulheres e pessoas não brancas. Considerados em conjunto, esses trabalhos e as pessoas que os realizam representam o rosto da classe trabalhadora no capitalismo financeirizado. Não mais personificada na figura do homem branco mineiro, operário e trabalhador da construção, essa classe hoje é paradigmaticamente constituída por trabalhadoras/es do cuidado, de aplicativos e de setores de serviços mal remunerados. Recebendo remunerações abaixo dos custos de sua reprodução (isso quando recebe), essa é uma classe ao mesmo tempo expropriada e explorada. A Covid também expôs esse segredo sórdido. Ao colocar o caráter "essencial" do trabalho dessa classe lado a lado com a desvalorização sistemática que o capital faz dela, a pandemia corrobora outro grande defeito da sociedade capitalista: a incapacidade dos mercados de força de trabalho de reconhecer com precisão o real valor do trabalho.

Assim, de modo geral, a Covid é uma verdadeira orgia de irracionalidade e injustiça capitalista. Ao amplificar os defeitos inerentes do sistema até o ponto da ruptura, ilumina com um raio intenso todos os terrenos ocultos de nossa sociedade. Tirando-os das sombras e arrastando-os para a luz do dia, a pandemia revela as contradições estruturais do capitalismo para ninguém deixar de ver: o ímpeto inerente do capital de canibalizar a natureza até ao limite da conflagração planetária; de desviar nossas capacidades para longe do trabalho de fato essencial da reprodução social; de desviscerar o poder público ao ponto de este não conseguir resolver os problemas que o sistema gera; de se alimentar da riqueza e da saúde cada vez mais reduzida das pessoas racializadas; de não só explorar, mas também expropriar a classe trabalhadora. Não tem lição melhor de teoria social. Mas agora vem a parte difícil: colocar essa lição para funcionar na prática social. É hora de descobrir como deixar o monstro morrer de fome e acabar, de uma vez por todas, com o capitalismo canibal.

Leia tambem

O velho está morrendo e o novo não pode nascer
Nancy Fraser

O neoliberalismo está se fragmentando, mas o que surgirá entre seus cacos? A principal teórica política feminista do século XXI, Nancy Fraser, disseca a atual crise do neoliberalismo e argumenta como poderíamos arrancar novos futuros de suas ruínas. O colapso político, ecológico, econômico e social global – simbolizado pela eleição de Trump, Bolsonaro e outros governantes de extrema-direita que dizem ser antiestablishment, embora façam parte dele – destruiu a fé de que o capitalismo neoliberal pode beneficiar a maioria do povo dentro da democracia. Fraser explora como essa fé foi construída no final do século XX, equilibrando dois princípios centrais: reconhecimento (quem merece direitos) e distribuição (quem merece renda). Quando eles começam a se desgastar com as sucessivas crises nas primeiras décadas do século, novas formas de populismo surgem à esquerda, para os 99%, e à direita, para o 1%.

Fraser argumenta que esses são sintomas da maior crise de hegemonia do neoliberalismo, um momento em que, como Gramsci disse, "o velho está morrendo e o novo não pode nascer". O livro é acompanhado de uma belíssima entrevista do editor da revista Jacobin, Bhaskar Sunkara, com Fraser, que argumenta termos a oportunidade de transformar o populismo progressista em uma força social emancipatória, podendo, assim, reivindicar uma nova hegemonia.

Por um populismo de esquerda
Chantal Mouffe

Como podemos reagir frente a ascensão do populismo? Para filosofa política belga Chantal Mouffe, o "momento populista" que estamos testemunhando sinaliza para a crise mais aguda da hegemonia neoliberal. O eixo central do conflito será entre o populismo de direita e de esquerda. Ao estabelecer esta nova fronteira entre "o povo" e "a oligarquia", a estratégia populista de esquerda pode reunir novamente as múltiplas lutas contra subordinação, opressão e discriminação.

Essa estratégia reconhece que o discurso democrático desempenha um papel crucial no imaginário político de nossas sociedades. E, através da construção de uma vontade coletiva, mobilizando afetos comuns em defesa da igualdade e da justiça social, será possível combater as políticas belicosas e demagógicas promovidas pelo populismo de direita.

Ao redesenhar as fronteiras políticas, esse momento aponta para um "retorno do político" após anos de pós-política. O retorno pode abrir caminho para experienciais autoritárias – através de regimes que enfraqueçam as instituições democráticas liberais -, mas também pode levar a uma reafirmação e extensão dos valores democráticos.

Adeus ao capitalismo: autonomia, sociedade do bem viver e multiplicidade dos mundos
Jérôme Baschet

A crise global não afeta a todos da mesma forma. As mutações do mundo do trabalho e as subjetividades dispostas a participar de novas formas de produção e consumo redesenham nosso presente. O que significa, então, repensar a possibilidade de um mundo liberado do capitalismo? No contexto de uma crise que marca os limites do pensamento neoliberal, os novos movimentos sociais – os excluídos, sem documentos, sem empregos, sem moradia, migrantes, indígenas – propõem iniciativas de baixo para cima. Em um esforço inusitado, que combina projeção teórica e conhecimento direto de uma das experiências mais reflexivas de autonomia das últimas décadas, Jérôme Baschet analisa as experimentações sociais e políticas das comunidades zapatistas, explora as possibilidades do Bem Viver e propõe um balanço crítico dos movimentos e uma análise da organização política das comunidades autônomas federadas que assumiram a saúde, a educação, a segurança e os serviços de justiça. Baschet explicita as características mais complexas do capitalismo financeirizado e explora caminhos alternativos para a elaboração prática de novas formas de vida. Sem estabelecer um modelo universal para as experiências de autogestão, nem construir uma grande história para o futuro, o autor condena-as a se dissolverem em algo novo, reabrindo o horizonte de outros mundos possíveis.

Um mundo onde caibam muitos mundos: educação descolonizadora e revolução zapatista
Ana Paula Morel

Os povos Maya nos oferecem, com o Movimento Zapatista, o melhor exemplo contemporâneo de uma insurreição bem sucedida contra o monstro bicéfalo Estado-Mercado que oprime as minorias étnicas e outras do planeta. Um exemplo que inspira e desafia, não um modelo imóvel que se copia e se "aplica". Pois o zapatismo segue incansavelmente se reinventando, trinta anos após o levante de 1º de janeiro de 1994. O livro de Ana Paula Morel descreve a intensa dinâmica intelectual do cotidiano das comunidades autônomas zapatistas. A autora viveu em Chiapas e foi aluna de espaços educativos indígenas, propondo uma experimentação com a "imaginação conceitual" de educadores tzotzil. As teorias educativas indígenas zapatistas realizam uma poderosa crítica do capitalismo enquanto "des-lugarização", a separação das pessoas de seus lugares, a abstração violenta dos vínculos constitutivos de todos os povos indígenas, a começar pela relação destes com a terra – e, portanto, com a Terra. O livro traz ainda uma reflexão sobre o urgente chamado zapatista ao advento de "um mundo onde caibam muitos mundos" – lema que não só exprime a solidariedade entre os múltiplos mundos que se veem diante do colapso ecológico global, como propõe uma transformação radical dos pressupostos metafísicos que habilitaram o Antropoceno. Como dizem as Declarações da Selva Lacandona, é preciso que as palavras verdadeiras caminhem pelos muitos mundos que queremos.

Este livro foi composto em Adobe Garamond Pro
e Neue Haas Grotesk Display Pro